NOUVEAU VOYAGE

DANS LA HAUTE

ET BASSE ÉGYPTE,

LA SYRIE, LE DAR-FOUR.

AVIS AU RELIEUR.

La Carte de la Caravane du Soudan, page 268 du premier Volume.

La Carte topographique du Dar-Four, page 351 du premier Volume.

Le Plan de la Résidence du Sultan du Dar-Four, page 60 du second Volume.

Les Tableaux numérotés 353 à 364 tiennent lieu de la feuille 23 du deuxième Volume.

NOUVEAU VOYAGE

DANS LA HAUTE
ET BASSE ÉGYPTE,
LA SYRIE, LE DAR-FOUR,

Où aucun Européen n'avoit pénétré;

FAIT DEPUIS LES ANNÉES 1792 JUSQU'EN 1798,

PAR W. G. BROWNE;

CONTENANT des détails curieux sur diverses contrées de l'intérieur de l'Afrique; sur la NATOLIE, sur CONSTANTINOPLE et PASWAN-OGLOW, etc. etc.

AVEC DES NOTES CRITIQUES SUR LES OUVRAGES DE SAVARY ET DE VOLNEY.

Traduit de l'anglais sur la deuxième édition,

PAR J. CASTÉRA.

TOME SECOND.

A PARIS,

Chez DENTU, Imprimeur-Libraire, Palais-Égalité, galeries de bois, n.° 240.

AN VIII. — 1800.

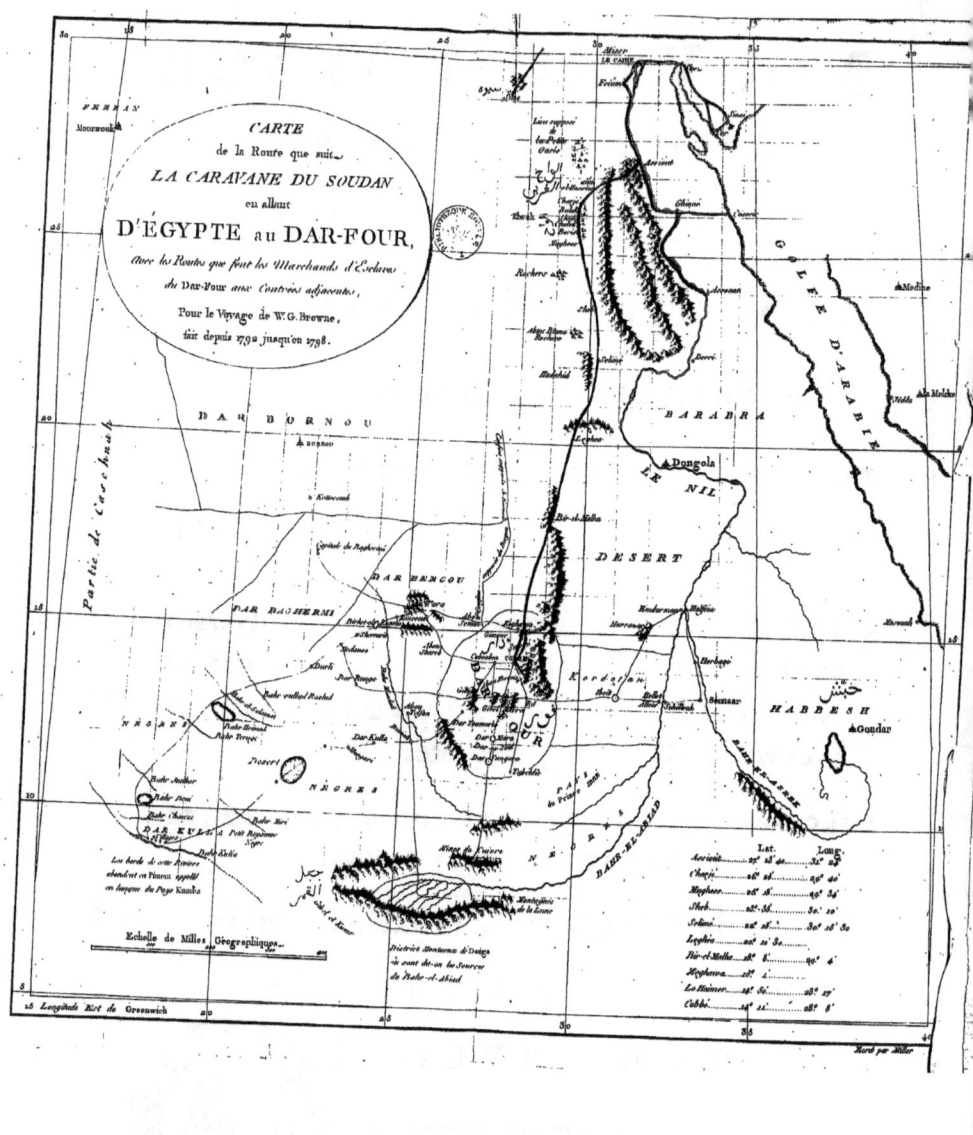

NOUVEAU VOYAGE
EN ÉGYPTE, EN SYRIE,
ET DANS L'INTÉRIEUR
DE L'AFRIQUE.

CHAPITRE XVIII.
DAR-FOUR.

Manière de voyager en Afrique. — État des saisons dans le Dar-four. — Animaux. — Quadrupèdes. — Oiseaux. — Reptiles et insectes. — Métaux et minéraux. — Plantes.

DANS tout le nord de l'Afrique, on a à-peu-près la même manière de voyager. L'on va par caravanes, mot venant de l'arabe *karou*, qui signifie se transporter d'un lieu à l'autre. Quand les habitans d'un pays ont occasion d'en franchir les limites, ils se rassemblent en nombre plus ou moins grand, et se mettent sous la conduite d'un chef(1). Ces associations ont pour motif leur commodité et leur sureté, parce que les routes qui

(1) On l'appelle le *chabir*.

deviennent faciles et exemptes de danger pour elles, ne le sont pas pour un seul voyageur.

Trois différentes caravanes conduisent des esclaves et d'autres marchandises, de l'intérieur de l'Afrique au Caire. L'une part de Mourzouk, capitale du Fezzan, l'autre de Sennaar, la troisième du Dar-four. Elles n'arrivent point en Egypte à des époques fixes, mais à des intervalles plus ou moins longs. Leur voyage dépend non seulement de la difficulté qu'elles ont eue à se procurer des esclaves et d'autres objets propres à être vendus, mais des ordres de leurs chefs, et de plusieurs autres causes.

La caravane du Fezzan est soumise à des règles très-sages. Elle emploie environ cinquante jours à aller de Mourzouk au Caire, où elle tâche toujours d'arriver un peu avant le commencement du ramadan, afin que ceux des marchands qui veulent faire le pélérinage de la Mecke, puissent accompagner l'émir de Misr. La vente des marchandises et des esclaves de cette caravane ne dure pas plus de deux mois : après quoi ceux qui ne sont pas dans l'intention d'aller à la Mecke, retournent directement dans leur pays. Cette caravane se rend ordinairement au Caire une fois par an.

Les deux autres sont bien moins exactes. Tantôt elles ne paroissent en Egypte que tous les deux ou trois ans ; tantôt elles y arrivent deux fois dans une année, et même plus souvent. Les changemens perpétuels qui ont lieu dans les états d'où elles sortent, et les caprices des despotes qui régissent ces états, sont cause de cette irrégularité. Indépendamment de cela, les routes qu'elles suivent sont infestées d'arabes indépendans, qui les pillent ou gênent leur passage. Les schaikiés et les ababdés fréquentent le chemin du Sennaar ; et les cubba-beeschs et les bédeïats celui du Dar-four, bien moins dangereux pourtant que le premier. Dans le Dar-four le départ de la caravane est un évènement très-important. Il fixe, pendant un certain tems, l'attention de tout le pays, et devient en quelque sorte une époque chronologique.

Le tems du départ de ces deux caravanes étant incertain, celui de leur arrivée au Caire ne peut que l'être également. D'ailleurs elles voyagent en hiver comme en été. Il faut bien moins de tems pour se rendre d'Assouan à Sennaar, que d'Assiout à Cobbé.

Beaucoup d'obstacles s'opposent à la fixation de quelques marques pour indiquer les routes à travers le Désert. Cependant, j'observai que dans tous les endroits où il se trouvoit des pierres, les gens de notre caravane ne manquoient pas d'en entasser un certain nombre des plus grosses de distance en distance, afin de bien connoître le chemin à leur retour. Mais là où il y a beaucoup de sable mouvant, ils ne peuvent pas employer ce moyen. Ils sont alors obligés de s'en fier à la facilité que leur donne l'habitude, de distinguer la forme de quelques rochers qui leur indiquent la route; car ils ignorent absolument l'usage de la boussole, et ne connoissent que fort peu les étoiles fixes. Cependant, quoiqu'ils ne sachent pas le nom des constellations, ils les observent pour se conduire pendant la nuit.

Malgré tous ces secours, les caravanes s'écartent souvent de leur chemin. Celle dont je faisois partie fut trois fois dans le plus grand embarras pour savoir de quel côté elle devoit diriger sa marche, et cependant nous avions avec nous des gens qui avoient fait dix à douze fois le voyage du Dar-four au Caire.

J'eus occasion de soupçonner en traversant le Désert, que les récits qu'on trouve dans quelques relations sur les sables mouvans de l'Afrique, et qui en donnent une idée si terrible, sont extrêmement exagérés. Cependant, lorsque nous étions à Leghéa, un vent violent qui souffloit du nord-ouest, chargea l'air d'un sable épais. Je posai à quelque distance de ma tente, une grande gamelle vide qui, en trente minutes, fut remplie de sable. Mes compagnons de voyage me racontèrent que plusieurs caravanes avoient été ensevelies sous des trombes de sable ; mais comme ils ne me dirent ni le lieu, ni le temps où cela étoit arrivé, je crus qu'il m'étoit permis d'en douter.

Si des caravanes entières ont été ensevelies sous le sable, on doit présumer que cet accident ne leur est arrivé que lorsque l'excessive chaleur, le défaut d'eau ou d'autres causes les ont empêchées de marcher. Les voyageurs qui ont trouvé un grand nombre d'hommes et d'animaux couverts de sable, étant peu accoutumés à raisonner, et fort amoureux du merveilleux, n'ont pas manqué de croire, ou du moins de rapporter, que ces hommes et ces animaux avoient été ensevelis dans le sable tout-à-coup, et pendant qu'ils étoient en marche. Il est pourtant plus probable qu'ils étoient déja morts lorsque le sable s'est accumulé sur eux ; mais la chose est peut-être si peu vraie, qu'elle ne mérite pas qu'on la discute.

La caravane avec laquelle je me rendis du Dar-four en Egypte, avoit près de cinq cents chameaux. Mais quand les jelabs retournent d'Egypte dans le Dar-four, ils n'en ont ordinairement pas plus de deux cents. Lorsqu'en allant du Dar-four au Caire, une caravane mène deux mille chameaux et mille têtes d'esclaves, elle est regardée comme une grande caravane.

Les jelabs ne comptoient pas dans notre caravane plus de quarante-cinq étrangers faisant le commerce pour leur propre compte, et la plupart de ces étrangers étoient égyptiens. Il y avoit en outre cinq ou six chrétiens cophtes, qui étoient autrefois admis dans le Dar-four, mais à qui le sultan en a récemment interdit l'entrée. Les autres étrangers étoient des maugrebins ou arabes occidentaux. Le reste de la caravane étoit composé de cent-cinquante à deux cents marchands, tous sujets du Dar-four. Le chabir étoit également fourain. Je ne sais que peu de particularités relatives aux autres caravanes, si ce n'est par ce qu'on m'en a dit.

Les arabes et les jelabs savent trop combien le chameau leur est nécessaire dans leurs longs et fatigants voyages, pour ne pas le nourrir avec le plus grand soin. Le *navire du Désert*, comme ils l'appellent, est toujours le porteur de leur fortune et le compagnon de leurs travaux. On prend beaucoup de peine pour l'élever; et souvent un marchand achète aussi cher les chameaux qui charrient ses marchandises, que les marchandises elles-mêmes. Qu'est-ce qui peut donc alors l'indemniser de ses dépenses, de ses fatigues, de ses pertes accidentelles, et lui donner du profit ? Mais si ces patiens et courageux animaux sont si utiles aux besoins ou à l'avarice de l'africain, ils ne sont jamais tourmentés par ses caprices.

Les jelabs se servent très-peu de chevaux. Ils achètent communément des ânes en Egypte, les montent en route, et les vendent avantageusement dans le Soudan. L'âne n'a besoin pour sa nourriture que d'un peu de paille et d'eau ; ce qui ne suffiroit point au cheval. Quoique les jelabs aiment assez à briller dans les villes, ils connoissent trop bien la fatigue et les dangers attachés à leurs voyages, pour ne pas augmenter leur gain par toute l'économie possible.

Ils n'emportent jamais qu'une petite quantité de provisions grossières, et ils n'ont point l'attention de prendre les choses qui leur seroient nécessaires s'ils tomboient malades en route, ou s'ils étoient retardés par l'un des nombreux accidens auxquels ils sont continuellement exposés.

Je ne m'aperçus pas qu'aucun d'entre eux se fût pourvu de viande sèchée, précaution ordinaire chez ceux qui composent les caravanes du Fezzan. Quelques-uns fument et prennent du café : mais le plus grand nombre n'a pour toutes provisions, qu'un sac de cuir plein de farine, un autre contenant du biscuit, et deux bouteilles de cuir, dans l'une desquelles il y a du beurre, et dans l'autre tantôt du miel, tantôt de la melasse. La quantité de ces provisions est très-bornée, et n'excède presque jamais l'absolu nécessaire.

Quand la caravane se rend du Dar-four en Egypte, elle emporte une autre espèce de provisions, destinée principalement aux esclaves, et qui ne se trouve en Egypte qu'en petite quantité. C'est du petit millet (1), dont les fourains font beaucoup d'usage. Après qu'il a été grossièrement moulu, on le laisse fermenter, et ensuite on en fait une espèce de pâte. Cette pâte peut se conserver long-tems; pour s'en servir, on y ajoute un peu d'eau; et quand elle est bien préparée, c'est un manger assez agréable : mais les fourains ne sont pas délicats. L'acidité de cette pâte la leur fait regarder comme propre à prévenir la soif. Ce qu'il y a de certain, c'est que la fermentation la rend un peu enivrante et même narcotique. Quand elle est préparée, on l'appelle du *ginseïa*.

La difficulté de pouvoir allumer du feu en route, est cause que la caravane ne consomme pas du riz et d'autres articles qu'on ne peut pas manger sans les faire cuire.

Les voyageurs expérimentés qui ont un certain nombre de chameaux, en chargent toujours un sur dix, de fèves et de paille hâchée, ce qui leur sert à nourrir ces ani-

(1) Dans le Dar-four ce grain s'appelle *dokn*.

maux pendant presque tout le voyage. Mais ceux avec qui j'étois, n'avoient pas eu cette précaution en partant d'Egypte, parce que la paille et les fèves y étoient fort chères : aussi plusieurs de leurs chameaux périrent en route. Quand on va du Dar-four au Caire, on prend du millet et du gros foin pour les chevaux ; mais cela ne vaut pas les fèves et la paille.

En quittant l'Egypte, les caravanes se pourvoient d'eau qu'on met dans des outres de peau de chèvre très-bien préparées, mais où il y a toujours un peu d'évaporation. En se rendant du Soudan en Egypte, l'eau se met dans de grands sacs de cuir de bœuf bien goudronnés. Deux de ces sacs pleins font la charge d'un chameau ; et l'eau s'y conserve beaucoup mieux que dans les outres de peau de chèvre. On s'en défait très-avantageusement en Egypte, car ils s'y vendent quelquefois jusqu'à trente piastres la paire. Ces sacs servent à charrier l'eau du Nil dans les villes.

Les chameaux des caravanes ne profitent pas de cette provision d'eau qui, malgré tous les soins qu'on prend, est toujours mauvaise, tant à cause du limon qu'elle contient, que du goudron des sacs, et de la chaleur qui en accélère la corruption. Six petites outres, ou deux sacs pleins d'eau, suffisent pendant quatre jours, à quatre personnes.

Lorsque les *bédeïats*, que je ne crois pas d'origine arabe, et les *cubba-beeschs* attaquèrent les caravanes, c'est entre Leghéa et le Bir-el-Malha. Mais cette route est si dépourvue de tout moyen de subsistance, soit pour les hommes, soit pour les animaux, qu'on n'y trouve guère ni ces tribus errantes, ni aucune des bêtes féroces qui infestent d'autres parties de l'Afrique. Aussi les égyptiens et les autres marchands blancs, qui, en partant du Caire, portent presque toujours des armes à feu, les vendent dans le Dar-four, et s'en retournent sans en avoir.

Les indigènes du Soudan sont armés de lances légères, dont le bout est de fer mou de leur pays. Ils ont aussi des boucliers de trois pieds de long et d'environ un pied et demi de large. Ces boucliers sont de peau d'éléphant ou d'hippopotame et d'une construction très-simple.

RAPPORTS DU DAR-FOUR AVEC LA MECKE.

Il n'y a point de caravane qui se rende du

Dar-four à la Mecke. Les fourains qui y vont en pélérinage, se joignent aux caravanes de marchands qui font le commerce en Egypte, ou bien ils passent par Suakem et par Jidda. Quand j'étois dans le Dar-four, le sultan Abd-el-Rachman fit partir un de ses agens, pour qu'il s'établît à la Mecke : mais quelques obstacles empêchèrent cet agent d'y arriver. La peur de la mer, et sans doute d'autres causes, font que les fourains prennent rarement la voie de Suakem, qui est bien plus courte et moins dispendieuse que celle d'Egypte.

Le pays qui sépare Suakem du Dar-four n'est soumis à aucun gouvernement réglé ; de sorte que les voyageurs qui y passent avec de l'argent ou des marchandises, y sont souvent volés. Mais les *tocruris* qui ressemblent aux derviches du nord de l'Afrique, et qui voyagent en mendiant, avec une gamelle pour boire de l'eau, et un sac de cuir pour mettre du pain, fréquentent cette route sans qu'il leur arrive jamais rien.

DES SAISONS.

La pluie qui, depuis la mi-juin jusqu'à la mi-septembre, tombe dans le Dar-four, en plus ou moins grande quantité, mais toujours avec violence, change tout-à-coup la face du pays; dès-lors toutes les apparences de la stérilité sont remplacées par une riante verdure. Excepté les endroits où le sol n'est composé que de rochers, on trouve une grande quantité de bois; car les habitans n'essartent pas même complètement les terrains qu'ils veulent mettre en culture.

Dès que la saison des pluies commence, les propriétaires des champs s'y rendent avec tous les ouvriers qu'ils peuvent rassembler. Là, armés d'une espèce de houe, ils font des trous à deux pieds de distance l'un de l'autre, et y sèment du millet (1), qu'ils recouvrent avec le pied; car leur agriculture n'exige pas beaucoup d'instrumens.

Le tems où l'on sème le bled, est à-peu-près le même. Le millet est bon à recueillir deux mois après les semailles, et le bled au bout de trois mois. Cette dernière espèce de grain ne se cultive qu'en petite quantité; et comme le sultan Abd-el-Rachman en a prohibé la vente jusqu'à ce qu'il s'en soit procuré assez pour l'usage de sa maison, il est rare qu'on trouve à en acheter.

(1) Dokn.

Le *mahriek*, qui est une seconde espèce de millet plus gros que le *dokn*, est assez commun. Il y a aussi du bled de Turquie (1), mais en petite quantité. Ce qu'on appelle fèves dans ces contrées, est différent de nos fèves d'Europe.

On cultive dans les jardins du Dar-four des *baméas*, des *meluchias*, des *adis* (2), des *lubis* (3), et quelques autres légumes.

Les pastèques, les melons qu'on appelle au Caire *abd-el-awi*, et quelques autres espèces de melons abondent dans le Darfour pendant les pluies, et il y en auroit dans les autres saisons, si on savoit employer l'arrosage.

Le sultan Teraub desiroit de naturaliser dans le Dar-four, toutes les productions des jardins d'Egypte, et il faisoit cultiver avec le plus grand soin les nouveaux végétaux qu'on lui apportoit. Mais l'usurpateur Abdel-Rachman ne tourne point ses vues de ce côté là ; et les traces de la bienfaisante attention de son prédécesseur sont presque effacées.

(1) Du maïs, que les arabes appellent *simsim*.
(2) Des lentilles.
(3) Des haricots.

Il y a dans le Dar-four plusieurs espèces d'arbres : mais à l'exception du tamarin (1) il n'en est point dont le fruit mérite d'être cueilli. On y voit quelques dattiers, qui tous ne produisent qu'un fruit petit, sec et sans saveur. Cet arbre n'est point indigène dans ce pays ; il y a été apporté des bords du Nil, du Dongola, ou du Sennaar. Les habitans paroissent ne pas bien entendre la culture d'un végétal si utile ; peut-être aussi que, quelques soins qu'on prît pour le multiplier et pour le perfectionner, le grand sec empêcheroit de réussir.

QUADRUPÈDES.

D'après mes propres observations et les renseignemens que j'ai pu prendre, le nombre des espèces d'animaux qu'on trouve dans le Dar-four est très-peu considérable. Il n'y en a même aucune espèce extraordinaire ; et il seroit peu intéressant d'en parler ici, si ce n'étoit pour faire connoître l'état du pays.

Il y a des chevaux, mais non pas en grande quantité, et les habitans ne paroissent pas se soucier beaucoup d'en élever.

(1) *Tummara hindi.*

Les meilleurs qui soient dans le pays, sont ceux qui viennent du Dongola, et ceux qu'on achète des arabes qui vivent à l'est du Nil. Ces derniers sont en général plus grands que ceux qu'on a coutume de voir en Egypte. Ils sont extrêmement bien faits, pleins de feu, mais dociles. Remarquables par leur vîtesse, ils ne supportent pas très-bien la fatigue. Les arabes qui les élèvent sont accoutumés à les nourrir de lait. Ils ne les coupent presque jamais; et ils montent indifféremment des jumens ou des chevaux. Les chevaux du Soudan ne sont jamais ferrés.

On voit dans ces contrées deux ou trois espèces de moutons qui, à la vérité, ne diffèrent pas beaucoup l'une de l'autre. Leur laine ressemble au poil des chèvres, et est, je crois, très-peu propre à être travaillée; et leur viande est fort inférieure à celle des moutons d'Egypte. Les moutons à grande queue sont communs dans le Soudan.

Ce pays nourrit beaucoup plus de chèvres que de moutons : aussi la viande de mouton y est un peu plus chère que celle de chevreau. Les chèvres du Dar-four sont de la même espèce que les chèvres égyptiennes, cependant elles paroissent plus grandes. Les fourains châtrent quelquefois les agneaux et les chevreaux; mais ce n'est pas chez eux un usage général.

L'âne du Dar-four ressemble, par la taille et par l'indocilité, à celui de la Grande-Bretagne. Les seuls bons ânes qu'on trouve dans ce pays, sont ceux que les jelabs mènent d'Egypte ; mais on y monte aussi les autres. Les seuls militaires et les gens attachés à la cour ont des chevaux. Dans le Dar-four le prix d'un âne d'Egypte équivaut quelquefois à trois têtes d'esclaves ; au lieu que pour la valeur d'une tête d'esclave on a trois ou quatre ânes du pays. Cependant les habitans ne prennent aucun soin pour perfectionner la race de leurs ânes. Peut-être ces animaux dégénèrent dans ces contrées ; car il est certain que ceux qu'on y conduit éprouvent extérieurement un grand changement.

Les fourains châtrent quelquefois leurs taureaux. Cependant j'ai observé que la plupart de ceux qu'on tue pour en vendre la viande dans les marchés, ne sont point châtrés ; et cela ne fait aucune différence dans le prix de la viande. Certes dans ce pays les animaux entiers paroissent beaucoup moins ardens qu'ils ne le sont dans le nôtre.

On élève une immense quantité de bétails dans le voisinage des rivières du Dar-four ; et celui qu'on est obligé de donner en tribut au sultan, fait une partie considérable des revenus de ce prince. C'est celui-là même qu'on conduit dans la plupart des boucheries de l'Empire. La viande de bœuf y est bonne. Les égyptiens ne l'aiment pas ; mais les fourains en font leur principale nourriture. Le lait de vache n'y est pas d'un goût agréable. Quelques étrangers établis dans le pays, en font une espèce de fromage (1) ; ce qui est assez rare. D'ailleurs ce fromage est un peu aigre ; il ne peut pas se conserver plusieurs jours ; mais il n'est ni désagréable ni malsain.

Les chameaux du Dar-four sont de différentes races et en très-grand nombre. Il y en a de toutes les tailles et de toutes les couleurs. Ceux qui viennent de l'ouest et du sud de l'Afrique sont grands, blanchâtres ou d'un brun clair, et ont le poil très-doux. Ceux qu'on tire du Kordofan sont presque toujours noirs et beaucoup moins dociles que les au-

(1) M. Mungo Park dit que les habitans de la côte de Guinée et de la partie occidentale de la Nigritie, ne connoissent aucune manière de faire du fromage. (*Note du trad.*)

tres. Ils supportent très-longtems la soif ; mais ils ne peuvent pas charrier de gros fardeaux.

Dans le Dar-four ces animaux sont singulièrement sujets au farcin (1), qui leur vient communément en hiver, et dans quelques pâturages plutôt que dans d'autres. Cette maladie est contagieuse. On la guérit en frottant l'animal avec une espèce d'onguent qu'on fait avec de la graine de pastèque.

Quand un chameau mâle est indocile, les fourains le châtrent quelquefois entièrement et quelquefois à moitié. C'est une opération cruelle ; parce qu'après avoir employé le couteau, on se sert d'un fer rouge, pour arrêter l'hémorragie. On croit que les lois du prophète défendent cet usage : mais quelque dévots que soient les fourains, l'intérêt fait taire leurs scrupules.

Les habitans du Dar-four mangent beaucoup de chameaux, et sur-tout des femelles (2), qu'ils engraissent avec soin. La viande n'en est pas savoureuse, mais elle n'est pas non plus désagréable, et on la digère aisément. Le lait de ces animaux est très-estimé.

(1) *Gerab.*
(2) Naka.

Les chameaux du Fezzan et des autres contrées occidentales de l'Afrique, ainsi que ceux qui sortent de l'Arabie, valent mieux pour le travail que ceux du Dar-four, et se vendent à un plus haut prix. Ils sont aussi plus grands et plus forts; mais ils ne supportent pas aussi bien la soif.

Dans le Soudan, il est rare qu'un chameau porte plus de cinq cents livres pesant, et souvent sa charge n'est que de trois quintaux ou trois quintaux et demi, tandis qu'en Egypte, cet animal charrie huit, dix quintaux et même davantage. C'est parmi ces chameaux vigoureux que sont choisis ceux qui portent le trésor sacré au tombeau du prophète.

Le Soudan produit une grande quantité de beaux dromadaires : mais ceux du Sennaar sont plus renommés. On raconte des choses incroyables des longs et rapides voyages de ces animaux. On dit, par exemple, qu'ils marchent vingt-quatre heures de suite, en faisant dix milles (1) par heure. Quoi qu'il en soit, on ne peut douter de leur vîtesse et de la facilité qu'ils ont à faire de grandes

(1) On sait que l'auteur compte toujours par milles géographiques.

courses en ne prenant que très-peu de nourriture.

Les chiens du Dar-four sont de la même espèce que ceux d'Egypte, et vivent également aux dépens du public. Je sais par oui-dire qu'il y a dans quelques parties de ce royaume une espèce de chiens dont on se sert pour la chasse des gazelles. Il y en a aussi d'une autre espèce qu'on emploie à la garde des moutons ; et l'on conte beaucoup d'histoires merveilleuses sur l'intelligence de ces derniers, ainsi que sur le courage et la fidélité des uns et des autres.

Il y a dans ce pays fort peu de chats domestiques. On m'a même assuré que les premiers y avoient été apportés d'Egypte. Ils sont de la même espèce que ceux d'Europe.

Les principaux animaux sauvages du Dar-four sont le lion, le léopard, l'hyène (1), le loup, le jackal (2), le buffle : mais excepté l'hyène et le jackal, ils ne fréquentent guère les parties les plus habitées de l'Empire, du moins celles où je suis allé.

Les hyènes entrent la nuit dans les villages par troupes de six, huit, et quelquefois

(1) En arabe *dubba*, et en fourain *murfaïn*.
(2) *Canis aureus*.

davantage, et elles emportent tout ce qu'elles peuvent attraper. Elles étranglent des chiens et des ânes, jusques dans l'enceinte des maisons. Elles s'assemblent toujours dans les endroits où il y a quelque chameau ou quelqu'autre gros animal mort, et elles agissent si bien d'accord qu'elles le traînent quelquefois à une prodigieuse distance. Ni la vue d'un homme, ni le bruit des armes à feu ne les épouvantent beaucoup. Cependant je leur ai quelquefois tiré des coups de fusil qui n'étoient pas sans effet. On prétend que quand une hyène est blessée, les autres se jettent sur elle et la dévorent : mais je n'ai jamais vu cela. Les habitans du Soudan creusent des fosses pour les y prendre, et lorsqu'une d'elles y est tombée, ils l'assomment à coups de massue, ou la percent de leurs lances.

Le jackal ne fait point de mal ; mais ses cris sauvages se font entendre fort loin ; et par-tout où il y a des rochers, il y a aussi des jackals.

Dans ceux des pays limitrophes du Darfour où l'eau est plus abondante que dans ce royaume, l'on voit en très-grand nombre, les lions, les léopards, les buffles sauvages ;

et les voyageurs les redoutent beaucoup, sur-tout quand ils ont besoin de suivre les bords du Bahr-el-Ada.

On peut ajouter aux animaux sauvages que j'ai dit se trouver dans ces contrées, l'éléphant, le rhinocéros, la giraffe (1), l'hippopotame et le crocodile.

L'on m'a dit qu'on voyoit communément des troupeaux de quatre à cinq cents éléphans, et qu'il y en avoit même quelquefois de plus de deux mille. Mais je crois que les arabes exagèrent toujours.

Les africains font la chasse des éléphans de différentes manières. Lorsqu'ils en ont surpris un écarté du troupeau, tantôt ils le poursuivent à cheval, tantôt ils montent sur des arbres pour le percer de leurs lances au moment où il passe près d'eux. D'autres fois ils creusent de grandes fosses dans les bois que les éléphans fréquentent, afin que quelqu'un de ces animaux puisse y tomber.

L'éléphant d'Afrique est plus petit que celui d'Asie, et vraisemblablement d'une espèce différente. La peau de cet animal s'emploie à plusieurs choses utiles. Les

---

(1) *Cameleo pardalis.*

africains mangent sa chair et en font grand cas. Sa graisse est un onguent précieux ; et ses dents sont, comme on le sait, un important objet de commerce.

On ne dompte pas le buffle dans le Soudan. Cet animal y est toujours dans un état sauvage. Les arabes le chassent pour le manger.

On tue l'hippopotame pour avoir sa peau et ses dents. Sa peau est extrêmement dure. On en fait d'excellens boucliers, et des fouets assez semblables à ceux dont on se sert en Angleterre pour monter à cheval. Ses dents sont supérieures à l'ivoire.

Les arabes donnent au rhinocéros un nom moins convenable que celui qu'il a reçu des grecs, mais qui cependant le caractérise assez bien. Ils l'appellent le père à une corne (1). Les cornes du rhinocéros sont un assez grand objet de commerce. On les porte en Egypte, où on les vend à un très-haut prix. On en fait des poignées de sabre, des coupes et beaucoup d'autres choses. Il y a des gens assez crédules pour s'imaginer

(1) Abou-kourn *.

* Cette dénomination n'est pas toujours exacte, puisqu'il y a une espèce de rhinocéros à deux cornes. (*Note du traducteur.*)

que du poison bu dans une coupe de corne de rhinocéros ne peut avoir d'effet.

La gazelle et l'autruche sont très-communes dans tout le Dar-four. Les gens riches de la partie de cet Empire où j'ai résidé, ont souvent des civettes dans des cages. Je n'ai point vu de ces animaux libres, mais il y en a beaucoup dans les contrées plus méridionales. Les femmes se parfument avec la liqueur qu'on en retire; et ce qui n'est point employé dans le pays se vend aux caravanes.

Le lion et le léopard, communs dans certaines parties du Dar-four, ne fréquentent pas les endroits où il y a beaucoup d'habitans, tels, par exemple, que ceux où se tient le Gouvernement. Les arabes chassent ces animaux, leur ôtent la peau pour la vendre, et mangent leur chair; qu'ils imaginent être propre à donner du courage et une ardeur belliqueuse. Quelquefois ils en prennent de jeunes qu'ils vendent aux jelabs, et dont ceux-ci font présent aux beys d'Egypte.

J'achetai deux lions dont l'un n'avoit pas plus de quatre mois. N'ayant presque rien à faire, je m'amusai à apprivoiser ce dernier, qui finit par acquérir une grande partie des habitudes d'un chien. Je lui faisois manger, deux fois par semaine, des débris de viande que jetoient les bouchers, et quand il étoit rassasié, il dormoit ordinairement plusieurs heures de suite. Lorsqu'on donnoit à manger à tous les deux ensemble, ils devenoient furieux l'un contre l'autre, ainsi que contre tout ce qui s'approchoit d'eux. Dans tout autre moment ils ne se querelloient point, ni ne cherchoient à faire le moindre mal aux hommes. Des agneaux même passoient à côté d'eux sans qu'ils leur fissent du mal. Le plus grand de ces animaux avoit déja trente pouces et demi de haut.

L'ennui que j'éprouvois dans l'espèce de captivité où l'on me retenoit, le défaut de livres et la privation d'une société raisonnable, me rendoient agréable la compagnie de ces animaux. Cependant après les avoir gardés plus de deux ans, me trouvant dans l'impossibilité de les emmener, j'en tuai un d'un coup de fusil. L'autre mourut au bout de quelques jours, soit de maladie, soit de la tristesse que lui causa la perte de son compagnon. Le sultan avoit aussi deux lions apprivoisés, qu'un esclave menoit ordinairement au marché, où on les laissoit manger.

Les autres quadrupèdes du Dar-four exigent moins de détails, parce qu'ils sont tous connus. Voici seulement leurs noms arabes.

Le jerboa (1).
L'abelang (2).
Le kurd (3).

Il faut y joindre le porc-épic (4), auquel je ne sais pas quel nom les arabes donnent.

OISEAUX.

Voici quels sont les oiseaux du Dar-four.
Le dotterel oriental (5).
La pintade (6).
La caille égyptienne (7).
Le vautour à tête blanche (8).
Le perroquet verd (9).

(1) *Mus jaculus.*
(2) *Simia Æthiops.*
(3) *Simia cynamolgos.*
(4) *Histria ciestria.*
(5) *Charadrius kerwan.*
(6) *Numida meleagris.*
(7) *Tetrao cothurnix.*
(8) *Vultur Percnopterus.*
(9) *Psittacus Alexandri.*

Le pigeon commun (1).
La perdrix rouge (2).
La tourterelle (3).
Et le hibou, qui est rare.

Le vautour à tête blanche est doué d'une force étonnante, et renommé dans le pays pour sa longévité. Je tirai un de ces oiseaux à environ cinquante pas de distance; je l'atteignis bien; et il s'envola fort loin, se reposa et marcha comme s'il n'avoit pas été touché. Ce premier coup étoit avec du gros plomb. J'en tirai un second à balle : je cassai une aile à l'oiseau; je m'avançai pour le prendre, mais il se défendit avec furie avec l'aile qui n'étoit pas blessée.

On voit des milliers de ces vautours dans les districts qui sont habités. Ils partagent avec les hyènes le champ du carnage, et s'emparent pendant le jour du reste des carcasses que les hyènes ont dévorées la nuit. Ils ont près de l'extrémité de l'aile une excroissance cornue qui ressemble à l'éperon d'un vieux coq. Cette arme est très-pointue, très-forte et rend leur attaque

(1) *Columba domestica.*
(2) *Tetrao rufus.*
(3) *Columba turtur.*

redoutable. Un fluide qui a l'odeur du musc, suinte de cet oiseau; mais j'ignore de quelle partie de son corps il provient.

La pintade, ou poule de Guinée, abonde dans le Dar-four, où la poule ordinaire est aussi très-commune mais non pas indigène. Le cri de la pintade est aigu et très-singulier. Cet oiseau est fort beau, et ni son plumage, ni sa forme extérieure ne permettent de distinguer le mâle de la femelle. On porte beaucoup de pintades du Dar-four au Caire, où il est rare qu'on en élève.

Dans le commencement de l'été, les arbres des environs de Cobbé étoient couverts de perroquets verds. On les prend très-jeunes, on les apprivoise facilement, et on les porte en Egypte, où quand ils savent prononcer quelques mots, ils se vendent à un assez haut prix.

Je n'ai vu dans le Dar-four que des poissons qui avoient déja été séchés, et qui étoient trop défigurés pour qu'on pût en reconnoître l'espèce. D'après ce qu'on m'a dit, les poissons qu'on pêche dans l'*Ada*, sont à-peu-près les mêmes que ceux que fournit le Nil dans la haute Egypte. On les prend avec des paniers d'osier. Les fourains ont une manière particulière de faire sécher le poisson ; mais il conserve une odeur si désagréable qu'il n'y a qu'eux qui puissent en manger. On voit sur les bords de la rivière un grand nombre de cabanes de roseaux, construites les unes par les pêcheurs, et les autres par les chasseurs qui tendent des pièges aux bêtes féroces que la soif conduit de ce côté-là.

Il y a beaucoup de caméléons dans le Darfour. On y trouve aussi des ichneumons, et des lézards de presque toutes les espèces.

Je n'y ai vu que trois sortes de couleuvres (1), et encore fort rarement, quoiqu'on me dît qu'il y avoit des endroits où elles étoient très-communes. Les fourains n'ont pas, comme les égyptiens et les indiens, l'art de charmer ces animaux.

L'on se moqua beaucoup de moi, parce que je rassemblai dans ma chambre un grand nombre de caméléons, afin d'observer leurs mœurs et leurs divers changemens. Les fourains regardent ces animaux comme immondes, et racontent beaucoup de choses ridicules à leur sujet.

(1) *Coluber vipera, anguis colubrina, et coluber haye.* Cette dernière est commune en Egypte.

Un accident m'a fait perdre beaucoup d'insectes et de reptiles que je m'étois procurés dans le Dar-four, et que je voulois conserver; de sorte que je ne puis en fournir la liste. Le scorpion de ces contrées est petit, brun et peu venimeux. Les fourains se guérissent de sa piqûre en y appliquant sur-le-champ un morceau d'oignon écrasé, rémède qu'ils renouvellent de tems en tems jusqu'à ce que la douleur soit appaisée.

Dans tout le Dar-four les terimtes, c'est-à-dire, les fourmis blanches, sont très-nombreuses et excessivement destructives. Elles attaquent tout ce qu'elles peuvent atteindre, soit végétaux, soit provisions, soit même linge, cuir ou papier. Un cuir de bœuf, lorsqu'on ne l'a pas goudronné, n'est pas à l'abri de leur voracité.

Les abeilles (1) sont très-communes dans ce pays; mais elles n'ont point de ruches; et le miel sauvage est ordinairement très-brun et d'un goût désagréable. Je n'y ai vu qu'un de ces petits escarbots, qui déposent leurs œufs dans du crottin de cheval, ou dans quelqu'autre espèce de fiente, en font une boule et la roulent dans la pous-

(1) *Apes melliferæ.*

sière jusqu'à ce qu'elle soit beaucoup plus grosse qu'eux-mêmes.

Il y a dans le Dar-four une grande quantité de ces animalcules dont on fait la cochenille ; et si les fourains ou les égyptiens qui vont chez eux avoient assez d'esprit ou d'industrie, ils pourroient en tirer parti.

On y voit aussi beaucoup de sauterelles de l'espèce qu'on appelle sauterelles d'Arabie (1). Les gens du pays, principalement les esclaves, en font souvent rôtir, et les mangent. Il y a des scarabées (2) ; et les maringouins (3) y sont très-incommodes dans la saison des pluies.

MÉTAUX ET MINÉRAUX.

Le nombre des métaux qui se trouvent dans les districts du Dar-four que j'ai visités, n'est pas considérable. Mais, si ce qu'on m'a dit est vrai, il y en a de toute espèce dans les contrées qui sont au sud et à l'ouest de ces districts. Les marchands qui parcourent ces contrées, achètent de quelques tribus idolâtres dont le territoire est limitrophe du

---

(1) *Gryllus.*
(2) *Scarabeus ceratoniæ.*
(3) *Culex Egypti.*

Dar-four, du cuivre de la plus belle qualité, semblable par sa couleur pâle à celui de la Chine, et paroissant contenir une certaine quantité de zinc. Ce cuivre est mis en rouleaux du poids de dix à douze livres, et très-malléables. Il ne me fut pas possible de me procurer un échantillon du minérai de ce métal.

Le fer se trouve en grande quantité dans le Dar-four. Les nègres idolâtres, si méprisés des musulmans, sont ceux qui le tirent du minérai, art que ces mêmes musulmans ignorent. Cependant les nègres ne sont pas non plus assez habiles pour reduire ce fer en acier; mais ils en font des couteaux et des javelines qui sont dans leurs mains des armes dangereuses. Ils en font aussi des outils qui, souvent aiguisés, suffisent à leurs grossiers travaux.

La methode par laquelle j'ai vu un ouvrier suppléer au défaut de fourneau pour fondre les métaux, mérite sans doute d'être connue. Il avoit un sac de cuir auquel étoit adapté un tuyau de bois, et qui lui servoit de soufflet. Le feu étoit dans un petit trou creusé dans la terre, et sur ce feu il avoit mis un fragment de jarre. Tout simple qu'étoit ce mécanisme, il eut un effet rapide et assez considérable.

L'argent, le plomb et l'étain que j'ai vus dans le Dar-four, y avoient, disoit-on, été apportés d'Egypte. Quant à l'or, on le trouve en abondance dans les contrées qui sont à l'est et à l'ouest de cet Empire : mais les fourains n'en profitent guère. Le sultan se procure un peu de celui que produit l'est; mais tout celui de l'ouest est porté par les caravanes dans les marchés du nord de l'Afrique.

Le Dar-four possède de l'albâtre et du marbre de plusieurs sortes. Les rochers y sont, en grande partie, de granit gris; mais il n'y a pas, ou du moins il n'y a que très-peu de pierre propre à bâtir, ou dont on puisse faire de la chaux. L'on s'y sert pour meules de moulin à bras, de morceaux de granit qu'on n'arrondit pas, parce que les outils sont d'un fer trop mou pour pouvoir les tailler.

Un district du Dar-four produit du sel fossile; et il y a une assez grande quantité de nitre dont on ne fait aucun usage. Le soufre y est porté du sud et de l'ouest par les arabes pasteurs : mais je ne crois pas que le pays en fournisse. On pourroit sans doute en trouver dans la montagne qu'on appelle le *Gibel Marra*, puisqu'on dit qu'il y a des sources chaudes, desquelles ne s'approchent pas les animaux, sur-tout les oiseaux.

VÉGÉTAUX.

Quoique je sois demeuré long-tems dans le Dar-four, j'avoue que je ne puis donner qu'un catalogue très-incomplet des productions végétales de cet Empire. Ces productions se trouvent principalement dans les districts méridionaux, où il y a de l'eau en abondance, et où l'extrême gêne dans laquelle on me retenoit, m'empêcha d'aller.

Pendant sept ou huit mois de l'année, la surface de la terre, dans les districts du nord, est entièrement desséchée par le soleil; et les petites plantes qui croissent spontanément durant la saison des pluies (1), disparoissent dès que cette saison est passée. Les arbres même dont les racines pénètrent plus avant dans la terre, perdent leurs feuilles, et n'offrent au spectateur que des branchages qui semblent morts.

(1) La saison des pluies s'appelle le *harif*.

Il n'y a dans le Dar-four qu'un très-petit nombre de ces espèces d'arbres qui peuplent nos forêts, ou embellissent nos jardins d'Europe. Ceux de ce pays sont en général remarquables par leurs fortes épines et par la dureté et l'incorruptibilité de leur bois.

1.º LE TAMARIN. — Les tamarins ne sont pas très-communs dans les environs de Cobbé : mais ceux que j'y ai vus étoient très-gros, très-hauts, et donnoient beaucoup de fruits.

2.º LE PLATANE (1). — Le platane qui dans le Dar-four se nomme *deleib*, n'y est pas, ce me semble, indigène, mais y a été apporté d'Egypte.

3.º LE SYCOMORE (2). — C'est à l'Egypte que le Dar-four doit le sycomore. On l'y nomme *gimmeiz*. Il y en a quelques-uns près de Cobbé ; et il est, dit-on, assez commun dans le sud de l'Empire. Je ne me suis point aperçu qu'il portât aucun fruit.

4.º LE NEBBEK (3). — Il y a dans le Dar-four deux espèces de nebbeks. Le plus grand

(1) *Platanus orientalis.*
(2) *Ficus sycomorus.*
(3) *Paliverus Athenœi.*

s'y désigne par le nom de nebbek-el-arab. Les deux espèces diffèrent entr'elles non-seulement par leur apparence, mais par leur fruit. L'un est un arbuste, qui a des feuilles d'un verd foncé et assez semblables à celle du lierre, mais très-minces. Il est tout comme ceux que j'ai vus dans les jardins d'Alexandrie. L'autre croît jusqu'à une très-grande hauteur ; mais ses feuilles et son fruit sont plus petits que ceux du premier ; son fruit est d'ailleurs d'une couleur plus foncée et a un goût différent de l'autre. Tous les deux sont également épineux. Les fourains mangent le fruit du nebbek (1), frais ou sec; car on le laisse souvent sécher sur l'arbre, et il y demeure une partie de l'hiver. Quand il est sec on en fait une espèce de pâte qui n'est pas désagréable, et qui sert de provisions dans les voyages.

5.° L'HEGLIG (2). — Cet arbre est de la même grandeur que le nebbek. Il vient, dit-on, d'Arabie; mais je ne l'ai vu que dans le Dar-four. Il a de petites feuilles, et porte un fruit oblong, de la grosseur

(1) Ce fruit s'appelle *nebka*.
(2) Ou *hejlij*. Ce nom est arabe.

d'une datte, d'une couleur brune et orangée, et d'une qualité à-la-fois sèche et visqueuse. Le noyau, très-gros proportionnément au fruit, est très-adhérent à la pulpe. On fait aussi avec ce fruit une pâte ; mais elle est moins bonne que celle du nebka. Les arabes qui la mangent, la croient propre à guérir certaines maladies. Elle m'a paru être un peu diurétique. Le bois de l'heglig est très-dur, épineux et d'une couleur jaunâtre. Cet arbre est touffu, et l'on se sert de ses branches, ainsi que de celles du nebbek, pour garnir les palissades.

6.º L'ENNEB. — Ce petit arbre porte un fruit auquel on donne le nom de raisin. Ce fruit, d'une couleur purpurine, ne vient pourtant point en grappes, mais il pousse parmi les feuilles, qui sont d'un verd brillant. Il est vrai qu'il a la grosseur et la forme intérieure des grains de raisin. Sa pulpe est rouge et son goût aigrelet.

7.º LE SCHAW (1). — C'est un arbuste de la hauteur de l'arbousier. Sa feuille est d'une forte texture, d'une forme ovale, d'un verd pâle, plus étroite vers la pointe et plus large à l'extrémité opposée, que celle de l'arbou-

(1) Ce nom est arabe.

sier. Cette feuille a le piquant et le goût de la moutarde. L'endroit où je vis le plus de ces arbres, est *Wadi Schaw*, que nous traversâmes en allant d'Egypte dans le Dar-four, ainsi qu'à notre retour, et qui se trouve entre Sweini et Bir-el-Malha. Les gens du pays ont coutume de frotter leurs dents avec un morceau de branche de schaw, parce qu'ils prétendent que le suc âpre de ce bois les blanchit.

D'après l'endroit où croît le schaw, qui est dans le voisinage des sources salées, d'après la répugnance que les chameaux ont à le brouter, et d'après quelques autres circonstances, j'imagine que cet arbuste est le même que le *rack* dont parle sir James Bruce (1), quoique je ne le reconnoisse pas dans la figure qu'il nous en a donnée.

8.º Le CHAROB (2).

9.º Le BEIDINJAN, OU MELINGAN (3). — C'est une morelle qui a été portée d'Egypte dans le Dar-four, où on la mange.

10.º L'EL-HENNÉ. — Autre plante qui vient

(1) Voyage de Bruce, tome 4, *in-4º*.
(2) *Ceratonia siliqua.*
(3) *Solanum sanctum.*

d'Egypte. Les fourains commencent à en faire usage.

11.° Le sophar (1). — C'est le séné sauvage. Il est indigène dans le Dar-four, et y croît en abondance dans la saison des pluies.

12.° Le sunt (2). — Cet arbre s'appelle aussi *saïel*. Il est très-commun dans le Dar-four. Il fournit une grande partie de la gomme que les caravanes portent en Egypte. On y trouve aussi des arbres que Bruce nomme *ergett-dimmo* et *ergett-el-kurûn*, ainsi que le *farek* (3) du même auteur.

13.° Le ful. — C'est une plante légumineuse. On ne mange pas beaucoup des fèves qu'elle produit : mais les femmes s'en servent pour faire des colliers et des bracelets, parce que quand on les a fait sécher, elles sont extrêmement dures. Elles servent aussi de poids, et équivalent à quatre ou cinq grains.

14.° Le schusch. — C'est une plante qui produit des graines de couleur écarlate,

(1) *Cassia sophera.*
(2) *Mimosa nilotica.*
(3) *Bauhinia acuminata.*

avec un point noir dans l'endroit où elles sont attachées à leur cosse. Elles sont petites, rondes, très-polies et très-dures. Les femmes en font aussi des colliers, des bracelets et d'autres ornemens. La plante qui porte ces graines ressemble beaucoup à l'ivraie.

15.° LE BASSAL. — L'oignon commun (1). Il abonde dans le Dar-four; mais il n'y est ni si gros, ni si bien coloré, ni si bon que l'oignon d'Egypte.

16.° LE TUM. — L'ail (2). Les fourains le cultivent avec soin et en mangent beaucoup.

17.° LE BUTTEIK. — La pastèque, ou le melon d'eau (3). Cette plante croît spontanément dans tous les terrains cultivés, et son fruit mûrit après la récolte du bled. Dans cet état sauvage, il n'est pas très-gros. Sa chair est pâle et un peu fade. L'on conduit les chameaux et les ânes dans les champs pour le leur faire manger, parce qu'on prétend qu'il les engraisse. Ses graines sont noirâtres, et servent à faire un onguent (4) qui guérit le farcin. Les melons

---

(1) *Allium cepe.*
(2) *Allium sativum.*
(3) *Cucurbita citrullus.*
(4) Cet onguent s'appelle *kukan.*

d'eau qu'on cultive sont beaucoup plus gros que les autres, et d'un goût excellent.

18.º Le kawun.—Le melon commun (1). Quelques fourains le cultivent, mais il est rarement bon.

19.º Le chëïar.—Le concombre (2). Les jélabs en ont introduit la culture dans le Dar-four, ainsi que la manière de l'apprêter.

20.º Le karra.—La courge (3). Elle croît en abondance dans le Dar-four. On s'en sert pour faire des vases et des coupes. On la mange aussi quand elle est fraîche; et mêlée avec de la viande, elle est d'un goût assez agréable. Ce fruit vient très-gros.

21.º L'handal (4).—La coloquinte est très-commune dans le Dar-four.

22.º L'adjur.—Le concombre sauvage (5). Il est aussi très-commun.

23.º L'uschar.—C'est une plante si commune dans le Dar-four, qu'elle couvre des

(1) *Cucumis mala.*
(2) *Cucumis sativus.*
(3) *Cucurbita lagenaria.*
(4) *Colocynthis.*
(5) *Momordica Elaterium.*

plaines entières. On se sert de ses feuilles et de ses sarmens pour mettre sous les nattes et couvrir les marchandises, parce qu'elles en écartent les fourmis blanches.

24.° L'ENNEB-EL-DIB. — C'est une espèce de morelle (1).

25.° L'HASCHISCH. — Le chanvre (2). Depuis quelque tems les fourains le cultivent régulièrement. Ils s'en servent comme d'un aphrodisiaque, et en différente proportion, comme d'un narcotique. *Haschisch* est un nom général pour toutes les plantes herbacées, mais on l'applique particulièrement au chanvre. On mâche la graine et les capsules du chanvre. On les fume, ou bien on les mêle avec d'autres ingrédiens pour en faire un électuaire. La consommation de cet article est bien plus considérable en Egypte que dans le Dar-four. Le meilleur est celui d'Antioche.

26.° L'ORUZZ (3). — Le riz. Celui qu'on voit dans le Dar-four est recueilli par les arabes errans. Il croît spontanément dans les districts que ces arabes fréquentent. Les

(1) *Solanum foliis hirsutis.*
(2) *Cannabis vulgaris.*
(3) Oryza.

fourains en font peu de cas, et, dans le fait, il ne vaut pas grand'chose.

27.º LE TCHETTI. — C'est ce que nous appelons piment ou poivre de Cayenne. Il abonde dans un district du Dar-four, d'où on le répand dans tout le reste de l'Empire. Les fourains en font un grand usage.

28.º LES LUBIS. — Ce sont des haricots.

29.º LE MELUCHIA.

30.º LE BAMEA.

31.º LE COWEL. — C'est une plante qui croît aussi haut que le meluchia. Elle est d'un verd foncé et a une odeur et un goût très-forts. Elle abonde dans le Dar-four, et les gens du pays en font une très-grande consommation.

32.º LE SIMSIM (1). — Le maïs. Les fourains en tirent de l'huile. Ils en mangent aussi beaucoup (2); et les gens riches s'en servent pour engraisser leurs chevaux.

33.º LE MAHREIK et le DOKN (3). — C'est, ainsi que je l'ai dit plus haut, la principale nourriture des fourains. Mais ils font une

(1) *Sesamum.*
(2) Pour le manger, ils le pilent, et en font une espèce de pâte.
(3) *Holchus dochna.*

plus grande consommation de dókn que de mahreik.

34.º Le tabac croît en abondance dans le *Fertit* et le *Dar-fungaro*. Il n'y a pas de doute qu'il n'y soit indigène.

CHAPITRE XIX.

D A R - F O U R.

Gouvernement. — Histoire. — Agriculture. — Population. — Architecture. — Mœurs et coutumes. — Revenus. — Commerce.

GOUVERNEMENT.

L<small>E</small> Gouvernement d'un seul, qui paroît, sinon expressément recommandé, au moins tacitement indiqué par les lois de Mahomet, est établi dans le Dar-four, ainsi que dans les autres contrées qui professent la religion musulmane. Certes le monarque ne peut rien se permettre de contraire au koran, mais il a la faculté de faire plus que le koran ne lui prescrit ; et comme il n'y a point de conseil pour régler ou restreindre l'exercice de son pouvoir, on peut dire que ce pouvoir est despotique. Il parle en public du sol et de ses productions, comme s'il en étoit l'unique propriétaire, et des habitans comme de ses esclaves.

Quand ses jugemens portent le caractère d'une frappante iniquité, les *foukkaras* (1) le lui représentent avec assez de courage :

(1) Les prêtres ou les docteurs de la loi.

mais leurs oppositions ne sont jamais dirigées par des principes certains, et conséquemment elles font peu d'effet. La seule crainte du sultan, c'est de s'aliéner l'armée, qui peut à tout moment lui opposer un concurrent aussi audacieux, et aussi peu scrupuleux que lui.

Les officiers auxquels il confie le gouvernement des provinces, y jouissent d'une autorité non moins arbitraire que la sienne. Dans les provinces qui font dès long-tems partie de l'Empire, ces officiers s'appellent en général des meleks. Dans les pays nouvellement conquis, ou qui plutôt se sont à certaines conditions soumis au Dar-four, les chefs conservent le titre de sultan. Cependant ils sont nommés par le sultan de Dar-four et lui payent tribut.

Dans le Dar-four, à la mort du monarque, l'aîné de ses fils doit hériter du trône; et s'il n'a point d'enfans mâles, ou bien s'ils sont mineurs, le sceptre doit passer à son frère. Mais cette loi est souvent enfreinte. Tantôt on allègue que le fils est trop jeune pour régner; tantôt que son père s'étoit injustement emparé du pouvoir suprême. Enfin, les droits de ceux qui ont quelques prétentions au trône, sont décidés par la guerre, et la couronne appartient au vainqueur.

C'est de cette manière que monta sur le trône le sultan qui régnoit pendant mon séjour dans le Dar-four. Le sultan *Bokar*, avoit trois fils, savoir, Mahomet-Teraub, El-Khalife et Abd-el-Rachman. Le surnom de Teraub avoit été donné à l'aîné, parce qu'étant enfant il avoit coutume de se rouler dans la poussière. Ce fut lui qui succéda à son père. Il occupa, dit-on, le trône trente-deux années lunaires, ce qui est un des plus longs règnes dont fasse mention l'histoire de ces contrées. A la mort de ce prince, son frère puîné prétendit, quoiqu'à tort, qu'aucun de ses fils n'étoit assez âgé pour régner ; et décoré du titre d'El-Khalife(1), et favorisé par les troupes dont il étoit singulièrement aimé à cause de sa grande générosité, il s'empara des rênes du Gouvernement.

Le règne de ce prince fut de courte durée, et marqué seulement par la violence et la rapacité. Peu de tems après son élévation au trône, une foule de mécontens se réunit aux habitans du Kordofan, qui continuoient contre le Dar-four une guerre dans laquelle

(1) Vice-régent de l'Empire.

Teraub avoit péri. El-Khalife jugea à-propos d'aller aussi les combattre en personne.

Abd-el-Rachman, qui, durant la vie de Teraub, avoit pris le titre de *Faquir* et feint de se consacrer entièrement à la religion, étoit alors dans le Kordofan. Il profita de la disposition des rebelles, et excita si bien le mécontentement des soldats, qu'ils le choisirent pour chef. Rentré alors sur le territoire de Four, il marcha contre son frère et lui livra bataille.

Soit à cause de sa valeur et de son habileté, soit qu'il employât la perfidie, Abd-el-Rachman remporta la victoire. Le Khalife fut blessé; et tandis qu'un de ses fils s'efforçoit de parer les nouveaux coups qu'on lui portoit, ces deux princes furent tués ensemble.

Cependant ceux à qui appartenoit la couronne, les fils de Teraub, furent oubliés. Abd-el-Rachman monta sur le trône, et ces princes, dépouillés de leur héritage, sont obligés de mendier les secours de l'avare usurpateur. Cet usurpateur en a fait périr un qui, étant d'un âge un peu plus avancé que les autres, et passant pour avoir plus d'habileté et de courage qu'eux, lui inspiroit plus de crainte.

Quoique resté paisible possesseur du trône, Abd-el-Rachman crut devoir quelque tems affecter une grande modération. Excessivement dissimulé comme tous ses compatriotes, il parvint à leur persuader qu'il ne songeoit qu'au bonheur d'une autre vie, et qu'il étoit peu touché de l'éclat du trône. Il refusa d'abord, après sa victoire, de voir les esclaves, l'or et le reste des objets qui avoient appartenu à son frère. Quand il entra dans le palais, il se couvrit les yeux avec un bout de l'étoffe roulée autour de son turban, en disant que la tentation étoit trop forte pour lui, et en priant l'Être-Suprême de l'empêcher d'y succomber. Il sut aussi, pendant un certain tems, se borner à n'avoir que les quatre femmes légitimes qu'accorde la loi musulmane.

Cependant dès qu'il vit qu'il n'avoit plus à craindre de concurrents, et que son autorité étoit affermie, il crut ne plus devoir se couvrir d'un voile de sainteté; et il laissa voir sans déguisement son ambition et son avarice. Il passoit ses jours à admirer stupidement ses meubles précieux, ses trésors accumulés, la foule de ses esclaves, et ses innombrables chameaux, ou bien il se retiroit au milieu de deux cents femmes qu'il possédoit, et qui, quoique réputées libres, n'en étoient pas moins soumises à ses caprices.

Abd-el-Rachman monta sur le trône l'an de l'hégire 1202 (1). Lorsque j'étois dans le Dar-four (2), la tyrannie et l'avidité de ce prince avoient tellement mécontenté le peuple et l'armée, qu'il me sembla qu'on ne tarderoit pas à le précipiter du trône.

HISTOIRE.

Mahomet Teraub, dont j'ai déja parlé, eut pour prédécesseur immédiat Abd-el-Casim. Abd-el-Casim avoit succédé à Bokar, et ce dernier à Omar. On parle de quelques autres princes qui régnèrent avant ceux-ci, et qu'on nomme Soliman, Mahomet, etc. Mais comme les habitans du Dar-four ne possèdent pas d'histoire écrite, et que les personnes à qui je demandai des renseignemens, différoient toujours entr'elles, je ne pus bien connoître ni la généalogie de leurs mo-

(1) L'an 1787 de l'ère chrétienne.
(2) En 1795.

narques, ni les époques où ils avoient régné.

Ces choses sont sans doute peu importantes, sur-tout quand il s'agit d'un pays qui nous est si peu connu. Cependant on peut remarquer qu'on y cite le règne de Soliman, comme celui sous lequel l'islamisme y pénétra. On dit aussi que ce sultan étoit de la race de *Dageou*, qui gouverna le Dar-four long-tems avant que cet état devînt puissant. Diverses circonstances m'ont donné lieu de croire que Soliman régnoit, il y a cent trente ou cent cinquante ans.

L'on ne peut guère s'en rapporter aux notions historiques que les fourains donnent sur leur pays. Il semble cependant que la race de Dageou est sortie du nord de l'Afrique, et qu'elle a été chassée des contrées qui sont aujourd'hui, sinon réellement, du moins en apparence, dépendantes du gouvernement de Tunis (1).

(1). Je me souviens que tandis que j'étois à Damas, on me prêta un petit volume in-4.° écrit en arabe. Il n'y avoit ni titre, ni conclusion ; mais il contenoit l'histoire des premiers propagateurs du mahométisme* ; et après avoir parlé de la prise de *Bahnesé* en Égypte et de l'invasion des pays plus méridionaux, il citoit une tribu ennemie à laquelle il donnoit le nom de *Four*.

* Les Aschabs.

CLIMAT ET AGRICULTURE.

Dans les parties du Dar-four que j'ai habitées, on ne trouve ni lacs, ni rivières, ni marais; et dans le tems du sec, il n'y a d'autre eau que celle des puits, que les habitans creusent pour leur utilité. Mais durant la saison des pluies on voit des torrens plus ou moins grands entrecouper le pays dans toutes les directions. Cette saison dure depuis la mi-juin jusques vers le milieu ou la fin de septembre. On la désigne par le nom de Harif (1).

La pluie est ordinairement très-forte et accompagnée d'éclairs, et elle tombe le plus souvent depuis trois heures après midi jusqu'à minuit.

Dans le Dar-four les changemens de vent ne sont point réguliers, mais incertains. Avec le vent du sud règnent les plus grandes chaleurs, et avec celui du sud-est tombent

(1) Lorsque la pluie ne tombe qu'en petite quantité, les agriculteurs sont très-malheureux. Sept ans avant mon arrivée dans le pays, la sécheresse avoit été cause que beaucoup de gens avoient été obligés de manger de petites branches d'arbre pilées dans un mortier.

les plus fortes pluies. Le vent du nord et du nord-ouest raffraîchit beaucoup l'air, mais ne dure pas longtems. Les vents chauds qui chargent l'air d'une poussière épaisse, sont ceux qui soufflent du sud.

Un jour que j'étois assis sur la place du marché à Cobbé, j'aperçus dans l'air un phénomène très-singulier. C'étoit une colonne de sable qu'un tourbillon avoit élevée dans le désert. Elle paroissoit être à un mille et demi de distance de Cobbé, et dura huit minutes. Semblable à un nuage peu épais, elle n'avoit rien d'aussi effrayant que les trombes de sable que Sir James Bruce vit entre Assouan et Chendi, et dont il a fait la description.

La récolte des grains se fait d'une manière fort simple dans le Dar-four. Les femmes et les esclaves des cultivateurs cueillent les épis avec la main; et ils laissent les tiges debout, parce qu'on les ramasse ensuite pour les employer dans la construction des maisons et à divers autres usages. Quand ceux qui cueillent les épis en ont rempli leurs paniers, ils chargent ces paniers sur leur tête et les emportent.

Le bled est toujours grossièrement et imcomplètement battu chez les fourains : mais quand cette opération est faite tant bien que mal, on le met au soleil jusqu'à ce qu'il soit bien sec; après quoi on le dépose dans des fosses dont les parois et le fond sont bien garnis de paille pour empêcher les insectes d'y pénétrer; ensuite on met une couche de paille sur les fosses, et on les recouvre de terre fortement battue.

Le maïs se conserve très-bien dans ces fosses. Quand on veut le manger, on le moud et on le fait bouillir pour en faire une espèce de polenta (1), qu'on mêle ensuite soit avec du lait doux ou aigre, soit avec une sauce faite avec des oignons et de la viande pilée dans un mortier.

Les fourains mangent peu de beurre; mais chez les égyptiens et chez les arabes c'est un objet de grande consommation. Les fourains de la classe inférieure, font une sauce qu'ils aiment beaucoup, avec une herbe appelée *cauel*, qui a un goût à-la-fois aigre et amer, et qui répugne beaucoup quand on n'y est pas accoutumé.

Les fourains mangent souvent, au lieu de pain, des gâteaux faits avec de la farine de maïs, mais mous, extrêmement minces, et

(1) C'est une sorte de pâte ou de pilau.

qui, bien préparés, sont assez bons. On appelle ces gâteaux des *kisseris* (1). On les mange avec la sauce dont je viens de parler, avec du lait, ou simplement avec de l'eau. De quelque manière que les riches emploient le grain, ils le font toujours fermenter avant de le réduire en farine, ce qui lui donne un goût très-agréable. Ils mangent souvent le *dokn* (2) crud, après l'avoir seulement fait tremper dans de l'eau.

Le sultan Abd-el-Rachman montre quelqu'attention pour l'agriculture qui est d'une si grande importance. Ce n'est de sa part qu'une habitude machinale de suivre les anciennes coutumes, et non le desir de faire le bien ; cependant sa conduite à cet égard est assez louable, tandis que celle qu'il tient à beaucoup d'autres ne l'est nullement.

Au commencement de la saison des pluies qui est le tems des semailles, le roi accompagné de ses meleks et de toute sa maison, se rend dans les champs où les cultivateurs sont occupés de leurs travaux, et il creuse de sa main plusieurs trous où il sème du grain. Le même usage a, dit-on, lieu dans le Bornou,

(1) Ce mot signifie *fragmens*.
(2) Le millet.

et dans d'autres contrées de l'Afrique. Il rappelle une ancienne coutume, dont Herodote fait mention en parlant des rois d'Egypte (1). J'ignore si cet usage a précédé dans le Dar-four la conversion à l'islamisme; mais je ne le crois pas, parce qu'on n'y mêle aucune cérémonie idolâtre.

POPULATION.

Il est extrêmement difficile d'évaluer le nombre des habitans d'un pays aussi peu civilisé que le Dar-four. Cependant les levées qu'on y fait en tems de guerre peuvent jusqu'à un certain point, montrer jusqu'où ce nombre doit aller. Lorsque j'étois dans ce pays, le sultan faisoit depuis deux ans la guerre à celui qui s'étoit emparé de la souveraineté du Kordofan. Suivant ce qu'on me raconta, on avoit commencé par faire marcher contre l'ennemi, environ deux mille hommes, et l'on y avoit ensuite envoyé des renforts qui pouvoient s'élever à la moitié de ce nom-

(1) Il rappelle aussi l'antique et solemnelle coutume des empereurs de la Chine, qui tous les ans prenant en main la charrue, tracent divers sillons, et y sèment de quatre différentes sortes de grains. (*Note du traducteur.*)

bre. Mais la petite-vérole, les combats et d'autres causes avoient fait périr l'équivalent des recrues, et par conséquent réduit l'armée au premier nombre de deux mille hommes; malgré cela on en parloit encore comme d'une grande armée. D'après ces considérations et quelques autres, il me semble que la population du Dar-four ne peut pas s'élever à beaucoup plus de deux cent mille ames.

Cobbé est une des villes les plus peuplées de ce royaume : cependant d'après tous les renseignemens que j'ai pris et la connoissance que j'ai eue de la quantité de gens qui demeuroient dans la plus grande partie des maisons, je ne crois pas que le nombre des habitans des deux sexes fût de plus de six mille; encore y avoit-il dans ce nombre beaucoup plus d'esclaves que de personnes libres.

Chaque habitant s'établissant près du terrain qu'il cultive, les maisons sont séparées les unes des autres par de grands intervalles ; de sorte que dans un espace de deux milles, on ne compte pas plus de cent enclos ou maisons. Le nombre des villages est considérable, mais les plus grands ne contiennent que quelques centaines d'habitans, et dans tout le royaume il n'y a que huit à dix villes bien peuplées (1).

Les habitans du Dar-four sont de différente origine. Les uns viennent des bords du Nil, et j'en ai déja parlé. Les autres sortent des contrées occidentales : ils sont ou foukkaras (2) ou adonnés au commerce. Il y a beaucoup d'arabes, dont quelques-uns se sont fixés dans le pays. Ces arabes appartiennent à diverses tribus. Ils mènent, pour la plupart, une vie errante sur les frontières du Dar-four, où ils font paître leurs chameaux, leurs chevaux et leurs bœufs ; et ils ne sont pas assez soumis au sultan pour lui donner toujours des secours en tems de guerre, ou pour lui payer tribut en tems de paix. On distingue parmi eux, les *Mahmids*, les *Mahréas*, les *Beni-Fesaras*, les *Beni-Gerars*, et plusieurs autres tribus dont je ne me rappelle pas les noms.

Après les arabes viennent les gens du Zeghawa, pays qui formoit autrefois un état indépendant, dont le chef pouvoit, dit-

(1) C'est-à-dire, ayant de cinq à six mille habitans.
(2) Prêtres.

on, mettre en campagne mille cavaliers pris parmi ses propres sujets. Les zeghawas parlent un autre dialecte que celui du Dar-four.

On peut compter ensuite les habitans du *Bego* ou *Dageou*, maintenant sujets du souverain du Dar-four, et issus d'une tribu qui dominoit autrefois ce pays.

Le Kordofan est à présent soumis en partie au Dar-four, ainsi que le *Dar-Berti*, et un certain nombre d'autres petits royaumes. Le roi de *Dar-Rugna* est dépendant du Dar-four et du Bergou, mais plus du dernier que de l'autre. Il est impossible de savoir quelle est la population de ces divers pays.

ARCHITECTURE.

Cet art que les nations civilisées ont porté à un si haut point de perfection, et pour lequel elles ont dépensé tant de trésors, se borne dans le Dar-four à la simple utilité. Le fourain n'a besoin que d'un toît léger pour se mettre à l'abri du soleil et de la pluie, et il ne craint pas d'être écrasé par l'édifice qu'il élève pour sa sureté. Un incendie peut dévorer sa demeure, sans lui causer beaucoup de chagrin, parce que

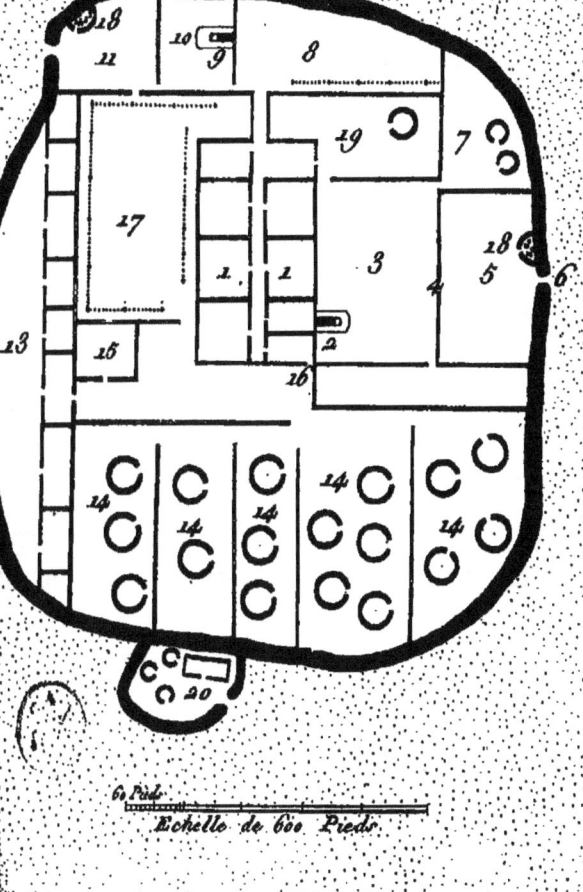

Plan de la Résidence du Sultan de Dar-Four

Echelle de 600 Pieds.

N^a. l'Explication de ce Plan est à la fin de l'Appendice N.°6.

cette demeure n'est point un monument d'orgueil.

Dans toutes les parties du Dar-four où l'on peut trouver de l'argile, on en construit les murs des maisons ; et les gens de la première classe les couvrent d'une couche de plâtre, qu'ils peignent en blanc, en rouge et en noir. Ils ont trois sortes d'appartemens. Les uns appelés *donga*, forment ordinairement un carré d'environ vingt pieds de long et douze de large. Les quatre murs d'un donga sont couverts d'un toît plat, supporté par de légers chevrons horizontalement posés et traversant d'un mur à l'autre. Sur les chevrons on met un clissage de menu bois, ou de nattes, qu'on couvre avec de la fiente de cheval ou de chameau sèche, et ensuite on y étend une couche d'argile bien forte et bien unie. On donne à ce toît une certaine obliquité, et on y met des gouttières qui portent l'eau à une certaine distance des murs. Ainsi dans ces maisons on est assez à l'abri de la pluie.

Le donga a une porte d'une simple planche faite avec la hâche ; car dans ces contrées on ne connoît ni le rabot ni la scie. La porte est fermée avec un cadenas ; et c'est là le seul moyen qu'aient les fourains d'empêcher les voleurs de se glisser dans leurs maisons.

Le second genre d'appartement s'appelle *kournak*: il est plus grand que le donga, et en diffère en ce qu'il n'a pas de plancher. Son toît fait de tiges de maïs, est en pente comme celui de nos granges. En été le kournak est beaucoup plus frais que les appartemens plus solidement couverts; aussi l'on s'en sert pour recevoir société et pour coucher.

Les femmes sont ordinairement logées et font leur cuisine dans un appartement du même genre que le kournak, mais rond et de quinze à vingt pieds de diamètre. Cet appartement se nomme *Soukteïa*.

Les murs des dongas ont souvent douze ou quinze pieds de haut: mais ceux des autres appartemens n'ont guère que sept ou huit pieds. Cela dépend pourtant du goût de celui qui les fait construire.

Chez les gens propres, le sol de ces divers appartemens est couvert de sable fin, qu'on change de tems en tems. Une maison où il y a deux dongas, deux kournaks et deux soukteïas est regardée comme grande, commode, et propre à servir de demeure aux marchands du premier ordre. Souvent il y a de plus un appentis (1), sous lequel on se met à l'abri du soleil pour causer avec ses amis.

Les maisons sont communément entourées d'un petit mur d'argile : mais il y a au-delà une autre clôture faite avec des branches d'accacia sec et d'autre bois épineux, pour empêcher les esclaves et le bétail de sortir; cette clôture ne formant point une haie vive, a toujours un aspect triste et désagréable.

La manière dont les villages sont bâtis ne mérite pas une description particulière. Lorsque les maisons n'y sont pas de simples cabanes, elles ont la forme de ces souktéïas dont je viens de parler ; mais elles ne sont construites que de tiges de maïs, ou d'autres matériaux aussi peu solides.

Les meleks et les autres grands du Darfour, sont les seuls qui se servent de tentes, encore ces tentes sont fort mal faites. En tems de guerre les soldats trouvent facilement de quoi se construire des cabanes, et ils les construisent non moins facilement. Là le bagage de chaque guerrier consiste en

(1) Roukkouba.

une légère natte dont les dimensions sont proportionnées à sa taille.

MŒURS.

Les troupes du Dar-four ne sont renommées ni pour l'adresse, ni pour le courage, ni pour la persévérance. Aussi lorsqu'elles entrent en campagne, le sultan compte beaucoup moins sur elles que sur les arabes qui les accompagnent et qui sont ses tributaires plutôt que ses sujets. Les fourains possèdent la facilité qu'ont tous les peuples sauvages, de supporter long-tems la soif et la faim ; mais en cela même ils ne l'emportent pas sur leurs voisins.

Pendant que je faisois route avec la caravane du Dar-four, un homme qui la suivoit à pied et qui ne paroissoit être lié avec aucun des voyageurs, me demanda du pain. — « Combien il y a-t-il de tems que vous en « manquez? lui dis-je. — Deux jours, me « répondit-il. — Et depuis combien de tems « n'avez-vous pas d'eau?—Depuis hier au « soir. » — Au moment où il me parloit, le soleil se couchoit. Nous avions marché toute la journée par une excessive chaleur, et il nous restoit encore six heures de chemin pour arriver au puits.

Les fourains manquent de propreté. Quoiqu'ils observent les formalités superstitieuses qui accompagnent les prières mahométanes, ils ne se lavent le corps et ne se peignent que rarement. Ils s'épilent ; mais au lieu de faire usage du savon pour se nétoyer, ils emploient des graisses et des préparations cosmétiques. Ils composent une espèce de pâte qu'ils mêlent avec du beurre, et dont ils se frottent jusqu'à ce que leur peau soit bien sèche. Non seulement cette pâte fait paroître la peau plus fine, mais elle guérit les éruptions accidentelles, et prévient l'effet d'une transpiration continuelle ; ce qui est très-important, parce qu'il n'y a point de bains dans le pays. Les esclaves femelles sont très-adroites à appliquer cette pâte ; et cette opération est un des rafinemens de la sensualité africaine.

Ni les heures du travail, ni celles du repos ne sont fixées chez les fourains. Ils ne suivent à cet égard que leur fantaisie ou leur commodité. L'influence accablante d'un soleil vertical multiplie leurs fatigues. Dans quelques contrées leur sommeil est fréquemment interrompu par la crainte des voleurs, et dans d'autres par les maringouins et les divers inconvéniens du climat.

Il existe entre les habitans du Dar-four et ceux du Kordofan une animosité invétérée. D'après les entretiens que j'ai eus avec les uns et les autres, on voit qu'ils sont en guerre de tems immémorial. Les principales causes de leur antipathie sont sans doute la position relative des deux pays et la rivalité du commerce. Le Kordofan se trouve sur la route qui conduit du Dar-four au Sennaar, route qui est non la plus courte, mais la plus commode pour se rendre à la Mecke. En outre les caravanes ne peuvent aller de Suakem dans le Dar-four, sans la permission de celui qui commande dans le Kordofan.

On ne trouve aucune espèce de monnoie dans le Soudan (1). Il y a de petits anneaux d'étain, dont la valeur est en quelque sorte arbitraire, et réglée à El-Fascher, où ils servent de moyen d'échange. Ailleurs on em-

(1) L'auteur n'entend parler sans doute que du Dar-four et des pays circonvoisins; car à Tombuctou et à Houssa, qui sont le centre du Soudan, c'est-à-dire, de la Nigritie, le principal moyen d'échange sont les kauris. (*Note du traducteur.*)

ploie de la verroterie, du sel et quelques autres objets. Les anneaux d'étain diffèrent tellement dans leurs dimensions que, pour payer une pièce de toile de coton, il en faut quelquefois douze seulement, et quelquefois jusqu'à cent quarante. Les écus d'Allemagne et les autres pièces de monnoie qu'on porte d'Egypte dans le Dar-four, y sont employés à des ornemens pour les femmes, et on les y vend avec peu d'avantage, parce que l'usage n'en est pas général.

Le Dar-four ne produisant point d'or, on y en voit rarement dans les marchés. Celui qu'on y vend vient du Sennaar, en forme de petits anneaux, du poids d'un quart d'once chacun. Les mahboubs égyptiens et les autres monnoies n'y ont point cours, et n'y sont reçus que par les marchands d'Egypte. Les principaux objets de commerce sont les esclaves, les bœufs, les chameaux, et les choses dont les fourains se servent pour se vêtir ou se parer, tels que les toiles de coton, la verroterie, l'ambre.

Il me semble que les fourains sont d'un caractère plus gai que les égyptiens, et qu'ils adoptent difficilement la gravité, la réserve que recommandent les préceptes de l'islamisme, et qu'observent la plupart des autres peuples qui professent cette religion.

Le gouvernement du Dar-four est absolument despotique et assez analogue à l'esprit du peuple; cependant il ne parvient pas toujours à contenir la violence des fourains (1).

Aimant beaucoup à boire, les fourains ne savent fabriquer aucune autre liqueur fermentée que le bouza; et c'est lorsqu'ils se sont enivrés avec cette liqueur qu'ils commettent leurs excès. En 1795 (2), le sultan Abd-el-Rachman publia, ainsi que je l'ai déja observé, une ordonnance par laquelle il défendoit, sous peine de mort, l'usage du bouza. Malgré cela, la plupart des fourains continuèrent à en boire, quoiqu'à la vérité moins publiquement. Quelquefois une société se rassemble dès le matin, pour passer la journée entière à causer et à boire; de

---

(1) Les habitans du Bernou ayant eu une querelle avec ceux d'un autre village, en vinrent aux mains, et il y eut plusieurs personnes tuées des deux côtés. Aussitôt les deux villages et leur territoire furent confisqués en faveur du roi, et les habitans réduits à la mendicité.

(2) Au mois de mars.

sorte que quand elle se sépare, chaque convive a bu pour sa part environ deux gallons (1) de bouza. Cette liqueur est à-la-fois diurétique et diaphorétique, ce qui empêche qu'elle fasse du mal.

Dans le Dar-four les hommes dansent non moins que les femmes, et souvent ils dansent ensemble. Chaque tribu a une sorte de danse particulière. La danse des fourains est désignée sous le nom de *secondari*, celle des boukkaras sous celui de *bendala*. Quelques-unes de ces danses sont graves, d'autres lascives, mais les mouvemens en sont plus violens que gracieux. Les gens de ces contrées aiment tant ce genre d'amusement, que les esclaves chargés de fers dansent au son d'un petit tambour, et la mesure est battue avec un long bâton tenu par deux personnes, chose que j'ai rarement vue dans les autres parties de l'Afrique.

Les jeux en usage chez les fourains, sont le *tab-ou-douk* et le *dris-wa-talaité*, que Niebuhr a décrit, et qui paroissent être empruntés des arabes.

Le vol, le mensonge, la fraude dans les marchés, et tous les vices qui ont rapport à

(1) Le galon contient quatre pintes.

ceux-là, sont excessivement communs dans le Dar-four. Là, qu'une chose soit précieuse ou non, elle n'est jamais en sureté loin des yeux de celui à qui elle appartient. Il faut même, pour qu'elle reste en sureté sous ses yeux, qu'il soit plus fort que le voleur qui la convoite. En vendant et en achetant, le père qui peut tromper son fils, et le fils qui peut tromper son père, s'en glorifient. C'est en attestant le nom de Dieu et celui du Prophète qu'on commet les friponneries les plus atroces et qu'on prononce les mensonges les plus impudents.

La polygamie est, comme on sait, tolérée par la religion mahométane; et les habitans du Soudan en abusent à l'excès : aussi les musulmans d'Egypte avec lesquels j'ai eu occasion d'en parler, m'en ont tous paru scandalisés. La loi permet d'avoir quatre épouses libres, et autant de concubines esclaves qu'on peut en nourrir : mais les fourains prennent autant de femmes libres et d'esclaves qu'ils le peuvent. Le sultan Abd-el-Rachman a plus de cent épouses libres, et plusieurs meleks en ont de vingt à trente.

Quand le sultan Teraub partit pour aller faire la guerre dans le Kordofan, il avoit à sa suite cinq cents femmes, et il en laissa autant dans son palais. Cela peut d'abord paroître ridicule ; mais il faut songer que ces femmes étoient chargées de moudre le bled, de puiser l'eau, de préparer à manger et de faire tous les travaux du ménage pour un très-grand nombre de personnes ; il faut songer qu'à l'exception de celles qui sont réputées *serrari*, c'est-à-dire concubines du monarque, elles voyageoient toutes à pied, et charrioient même sur leur tête une partie du bagage : alors on verra que ces femmes n'étoient pas sans utilité, et que le sultan Teraub n'a pas plus mérité d'être accusé de s'abandonner à la volupté, que les autres princes africains.

Les fourains recherchent beaucoup les femmes et font très-peu de cas de la réserve et de la décence. La manière dont leurs maisons sont construites et que j'ai décrite plus haut, ne permet pas que ce qui s'y passe soit bien secret. Mais ils ne prennent pas même toujours la précaution de s'y retirer pour se livrer aux plaisirs de l'amour ; l'ombre d'un arbre ou l'herbe un peu haute leur suffit ; et le père et la fille, le fils et la mère y satisfont souvent un penchant incestueux. Les noms de frère et de sœur se changent quelquefois dans ces contrées pour ceux d'époux ; et dans le Bergou, pays voisin du Dar-four, l'exemple du monarque favorise ces mariages, qui sont pourtant défendus par la loi mahométane, comme par toutes les autres religions dérivées du judaïsme.

Mais quelqu'adonnés à leurs plaisirs que soient les habitans du Soudan, ils ne reconnoissent presque pas un autre amour trop commun en Asie et dans le nord de l'Afrique. Le caractère, la situation des femmes du Dar-four et la manière dont elles sont traitées, ne ressemblent ni à ce qu'ils sont dans d'autres contrées africaines et en Asie, ni à ce que nous voyons en Europe. Bien différentes des égyptiennes, les femmes les plus modestes du Soudan, lorsqu'un étranger entre dans leur maison, se contentent de se reculer à une certaine distance, et continuent à s'occuper des travaux du ménage en présence des hommes.

En Egypte, un voile est l'éternel gardien d'une modestie fausse ou véritable : mais dans le Dar-four, les seules femmes qui cachent leur visage sont celles des grands, parce que leur rang exige qu'elles affectent une certaine décence. D'ailleurs, rassasiées de volupté, ces femmes deviennent coquettes, et leur vanité leur fait espérer qu'à défaut de jeunesse et de charmes, un voile attirera encore les gens inexpérimentés. Celles d'un rang inférieur ne portent qu'une pièce de toile de coton dont elles enveloppent leur corps, et une autre toile pareille qu'elles jettent négligemment sur leurs épaules. Elles ne mangent ni ne boivent jamais avec les hommes, mais elles ne font pas difficulté de les voir boire et manger. Les plus modestes d'entr'elles entrent non-seulement dans l'appartement d'un étranger, mais chez les marchands égyptiens à qui elles ont besoin d'acheter ou de vendre quelques marchandises. Dans ces occasions, toutes les libertés que peut prendre un marchand, sont traitées avec indulgence. Les maris ne sont nullement jaloux ; et pourvu que leur complaisance leur devienne avantageuse, ils cèdent volontiers leur place aux étrangers.

Rien n'est aussi cruel pour un égyptien que de voir sa femme parler publiquement à un autre homme. Il en est qui pour cela seul ont donné la mort à leurs femmes. Les fourains pensent et agissent différemment.

Defendit numerus, junctœque in umbone phalanges.

Un usage général ne peut être regardé ni comme criminel, ni comme honteux.

Dans le Dar-four quelques-uns des travaux domestiques les plus pénibles sont exécutés par les femmes. Non seulement elles préparent la terre et sèment le bled, mais elles aident à le recueillir. Ce sont elles aussi qui ont soin de le moudre et d'en faire du pain. Elles vont chercher de l'eau ; elles balayent les appartemens, elles font la lessive, enfin elles préparent à manger ; occupation qu'un fourain regarderoit comme humiliante pour lui, tandis que chez les arabes les hommes s'en chargent volontiers.

On voit souvent dans le Dar-four un homme qui voyage, monté commodément sur un âne, tandis que sa femme le suit à pied, chargée des provisions et du bagage. Il ne faut pourtant pas croire que le mari soit despotique dans sa maison ; au contraire, la femme y jouit d'une assez grande autorité : on ne décide rien qui ait rapport au ménage sans la consulter ; et souvent, quoique fatiguée des travaux de la journée, elle retrouve le soir assez de force pour chercher querelle sur les torts vrais ou imaginaires qu'on a eus avec elle, et pour lancer beaucoup de sarcasmes.

Il n'y a aucun avantage à épouser la fille d'un sultan ou d'un puissant melek (1) : quiconque a la vanité de le faire, est sûr de mettre sa famille sous le joug, et de ne plus avoir aucune autorité dans sa maison. Il n'a pas même le droit d'élever à sa fantaisie ses enfans vrais ou prétendus. La princesse qui lui a fait l'honneur de partager sa couche, devient la maîtresse absolue de tout ce qu'il possède ; et il ne peut s'opposer à ses plus extravagans caprices, de peur que le déplaisir qu'elle en ressentiroit ne fût suivi par celui du monarque.

L'homme qui a une de ces femmes ne peut en épouser une autre avec les mêmes cérémonies ; et si quand il meurt il s'élève quelques difficultés relativement à son héritage, elles sont toujours jugées en faveur de la *miram*. Enfin, tant qu'il vit il est en quelque sorte prisonnier, car quelques pertes qu'il fasse et quelque envie qu'il ait de rétablir ses affaires par le commerce, il ne peut

(1) Les femmes de ce rang ont le titre de *miram*.

sortir du pays, sans une permission expresse du sultan ; sinon, il est certain qu'on confisquera non seulement le douaire qu'il a assuré à la princesse, mais tout ce que lui a produit son illustre alliance.

Avant que le Dar-four se convertît à la religion mahométane (1), et qu'il eût des sultans, les habitans de ce pays formoient des tribus errantes, comme le sont encore plusieurs nations voisines.

Les fourains ont les traits différents de ceux des nègres de la côte de Guinée. Leurs cheveux sont ordinairement courts et laineux ; mais il y en a qui les ont de la longueur de huit à dix pouces, ce qu'on regarde comme une beauté. Ils ont en général la peau très-noire.

Les arabes, qui sont en grand nombre dans le Dar-four, sont faciles à distinguer des autres habitans, par leurs traits, leur couleur et la langue qu'ils parlent. Ils se marient ordinairement dans leur tribu. Les esclaves qui viennent du *Fertit* (1), ressemblent aux nègres de Guinée, et ont un idiôme particulier.

(1) Il y a environ 150 ans.
(2) La terre des idolâtres.

Dans la plupart des villes du Dar-four et même à la cour, on parle ordinairement l'ancienne langue du pays : cependant on y entend assez bien l'arabe ; et à Cobbé, principale résidence des marchands étrangers, on ne se sert guère que de cette dernière langue. Les procès sont plaidés dans les deux langues en présence du monarque ; c'est-à-dire ce qu'on dit dans l'une est aussitôt rendu dans l'autre par un interprête (1).

Après ceux qui sont à la tête du Gouvernement, les faquis ou les hommes savans, c'est-à-dire les prêtres, tiennent le premier rang dans le Dar-four. Quelques-uns de ces faquis ont été élevés au Caire ; mais le plus grand nombre n'a eu d'autre instruction que celle qu'on reçoit dans les écoles du pays. Ils sont excessivement ignorans sur tout, excepté les préceptes du koran. Les fourains, ainsi que la plupart des autres nations du nord de l'Afrique (2), sont de la secte de l'iman Malek, qui ne diffère que peu de celle de Schaféï.

(1) Tergiman.
(2) Les égyptiens ne sont point de cette secte.

REVENUS DU DAR-FOUR.

1. Le sultan perçoit un droit sur toutes les marchandises qui entrent dans ses états, et ce droit s'élève souvent jusqu'au dixième de la valeur des objets. Par exemple, chaque chameau qui vient d'Egypte, chargé de toile de coton, en porte deux cents pièces, et les marchands sont obligés d'en donner vingt pièces au sultan. Les arabes soumis à son gouvernement, ainsi que les fourains, payent encore davantage. Cependant il est des articles sur lesquels les droits sont moins forts.

2. Quand les marchands partent du Dar-four pour retourner en Egypte, on leur demande un droit sur les esclaves qu'ils emmènent, sous prétexte qu'on ne veut pas rechercher si ces malheureux sont légitimement dans l'esclavage. Notre caravane avoit cinq cents esclaves, pour lesquels ce droit s'éleva à trois mille mahboubs (1) qui furent payés au chabir, à notre arrivée en Egypte.

3. Toutes les confiscations se font au profit du sultan. C'est un objet très-considérable;

(1) De 6 à 700 liv. sterl.

car dès qu'il s'élève une querelle dans laquelle il y a du sang répandu, chose qui arrive souvent, le prince demande ce qui lui plaît au village où l'offense a été commise. Tantôt c'est un tiers, tantôt la moitié des propriétés des habitans ; quelquefois même c'est tout ce qu'ils possèdent, et il l'exige rigoureusement.

4. Quiconque se trouve compliqué dans un procès qui se plaide devant le sultan, est obligé d'offrir proportionnément à son rang et à ses richesses, un présent à ce prince ; ce qui est aussi une abondante source de revenu.

5. Le sultan a le droit de prendre un dixième de toutes les marchandises et des esclaves qui viennent de ce que les fourains appellent *les routes*, c'est-à-dire de tous les autres pays que l'Egypte. Quand les esclaves proviennent d'une *selatée*, c'est-à-dire d'une de ces expéditions qui vont à main armée faire des captifs, le dixième devient un cinquième ; parce que les marchands restent six semaines ou deux mois à vendre leurs esclaves ; que pendant ce tems-là il en meurt ordinairement la moitié, et qu'ils n'en sont

pas moins obligés de payer le droit sur la totalité de ceux qu'ils ont amenés.

6. À la fête qu'on appelle *la garniture de la tymbale*, qui commence le 27 du mois de *rabia-el-awil*, non seulement les principaux habitans des villes et des villages, mais tous ceux qui occupent une maison, sont obligés de se rendre à El-Fascher, et d'apporter un présent proportionné à leur rang et à leur fortune. Dans une de ces occasions, le présent du melek des jelabs, valoit neuf cents mahboubs, qui font environ deux cents livres sterlings. Toutes les troupes qui ne sont point en campagne, assistent à cette fête et sont passées en revue; c'est-à-dire, que tout fourain qui peut se procurer un cheval, le monte et paroît dans l'assemblée générale.

7. Le sultan reçoit sans cesse des présens de tous les grands du pays, ainsi que des marchands qu'y attire le commerce, et de toutes les personnes qui sollicitent des emplois. Les marchands étrangers lui portent ordinairement quelques pièces d'étoffe, des tapis ou des armes. Les gens du pays lui donnent des esclaves mâles et femelles (1),

(1) Tokeas.

des chameaux, des bœufs, des moutons.

8. L'un des plus considérables objets des revenus du sultan, est le tribut des arabes qui font paître leurs troupeaux dans ses états. Ceux qui élèvent des chevaux doivent lui donner chaque année tous les mâles que font leurs jumens; mais selon ce que j'ai oui dire, ils s'affranchissent souvent de cet impôt.

Le tribut accoutumé des arabes qui nourrissent des bœufs (1), est d'un dixième des naissances (2). Mais tandis que j'étois dans le Dar-four, ils avoient été deux ans sans rien payer; ce qui décida le sultan à faire marcher contr'eux un corps de troupes, qui leur prit douze mille bœufs. Si leur tribut étoit régulièrement payé, il s'élèveroit à quatre mille têtes de bétail par an. Ces arabes vivent sous des tentes, habitent tantôt un lieu, tantôt un autre, et lorsqu'ils se sentent bien unis entr'eux, ils ne se soucient guère de payer leur tribut.

Les tribus qui ont des chameaux doivent également chaque année un dixiéme de ceux

(1) On appelle ces arabes les *boukkaras*.
(2) Ils donnent aussi au sultan une grande quantité de beurre.

qu'elles élèvent; et on dit qu'elles sont assez exactes à le payer. Cependant elles sont quelquefois en état de rébellion, et alors le sultan ne retire rien d'elles. Deux de ces tribus, celle de *Mahria* et celle de *Mahmid*, étoient en querelle pendant mon séjour dans le Dar-four. Elles en vinrent aux mains, et il y eut beaucoup de sang répandu des deux côtés. Pour les punir, le sultan envoya un melek avec un détachement d'environ soixante cavaliers, qui s'emparèrent de la moitié des chameaux que possédoit chaque arabe. Quiconque en avoit cinq étoit obligé d'en donner trois, parce que le cinquième ne pouvoit pas être partagé.

Les tribus qui ont des moutons et des chèvres, payent un dixième de leur produit.

9. Chaque village est obligé de donner annuellement une certaine quantité de millet (1), que le sultan fait percevoir par ses esclaves. Indépendamment de cela, ce prince a des champs qu'il fait cultiver, et dont le produit sert avec le grain de tribut, à nourrir sa maison; car, quoique marchand, il ne doit pas vendre du bled. Il jouit de

(1) Dokn.

tout le district du Gibel Marra, dans la partie occidentale du Dar-four, district qui produit beaucoup de froment et du miel sauvage.

10. Le sultan fait le commerce. Non-seulement il envoie beaucoup de marchandises en Égypte avec chaque caravane qui part du Dar-four, mais il emploie ses esclaves et ses autres agens à vendre pour son compte les marchandises d'Egypte, et dans ses états, et dans les contrées adjacentes.

ARTICLES DE COMMERCE.

Les femmes de la première classe portent quelquefois des anneaux d'or au nez. Les kauris sont un objet d'ornement pour les autres femmes, mais il n'y en a pas beaucoup. Les graines rouges, appelées *schusch*, dont j'ai parlé à l'article des végétaux, se portent beaucoup dans les cheveux.

MARCHANDISES que les jelabs portent d'Egypte au Dar-four.

1. Grains d'ambre.
2. Etain, en petites barres.
3. Grains de corail.
4. Grains de cornaline.
5. Grains de fausse cornaline.

6. Grains de Venise.
7. Agate.
8. Anneaux d'argent et de cuivre pour le poignet et le bas de la jambe.
9. Tapis.
10. Toile de coton bleue, fabriquée en Egypte.
11. Toile de coton blanche, *idem*.
12. Etoffe bleue et blanche d'Egypte, appelée *malayé*.
13. Lames de sabre, droites, tirées d'Allemagne.
14. Petits miroirs.
15. Plaques de cuivre, pour couvrir le front des chevaux à la guerre.
16. Armes à feu.
17. Kohhel pour les yeux.
18. *Rhéa*, sorte de mousse qui vient de la Turquie européenne. On la mange et on l'emploie comme parfum.
19. *Sché*, espèce d'absynthe, qui sert comme parfum et comme remède. Le sché et le rhéa se vendent dans le Dar-four avec avantage.
20. Café.
21. *Mahleb, krumphille, symbille*, sandal, noix de muscade.

22. *Dufr.* C'est un coquillage de la mer Rouge. On l'emploie comme parfum.
23. Soie écrue.
24. Fil d'archal.
25. Grains de verre faits à Jérusalem, appelés *hersch* et *mounjour*.
26. Ustensiles de cuisine, en cuivre. *Peu demandés.*
27. Vieux cuivre pour fondre et remettre en œuvre.
28. Bonnets rouges de Barbarie.
29. Toile de lin d'Egypte. *Peu de débit.*
30. *Benisches* de drap léger de France.
31. Soieries de Chio.
32. Soieries et toiles de coton d'Alep et de Damas.
33. Souliers de maroquin rouge.
34. Poivre noir.
35. Papier à écrire, *en grande quantité.*
36. Savon de Syrie.
37. Mousseline et toiles de coton des Indes.

ARTICLES que le Dar-four envoie en Egypte.

1. Esclaves mâles et femelles.
2. Chameaux.

3. Ivoire.
4. Cornes de rhinocéros.
5. Dents d'hippopotame.
6. Plumes d'autruche.
7. Fouets de peau d'hippopotame.
8. Gomme.
9. Piment.
10. Tamarin, en pains ronds.
11. Sacs de cuir pour charrier l'eau (1).
12. Sacs de cuir pour les marchandises (2).
13. Beaucoup de perroquets, quelques singes et quelques pintades.
14. Cuivre blanc en petite quantité.

(1) On les appelle des *rays*.
(2) On les appelle des *géraubs*.

CHAPITRE XX.

Différentes particularités concernant le Dar-four et quelques-unes des contrées adjacentes.

Après avoir retracé dans les chapitres relatifs au pays du Dar-four, des faits dont la certitude s'appuie en général sur le témoignage de mes propres yeux ou celui d'autorités irrécusables, bien convaincu qu'il n'est point de détail si minutieux qu'il ne puisse à un certain point faciliter le progrès des découvertes à faire encore dans cette partie de l'Afrique, ou satisfaire du moins une curiosité vivement excitée sans doute sur tout ce qui peut regarder une région si peu connue, j'en vais rapporter quelques-uns, qui bien que recueillis sur les lieux, ne m'ont rien présenté qui puisse m'autoriser à en garantir l'exactitude.

On assure, par exemple, que la cérémonie que j'ai déja dit avoir lieu, lorsque les habitans du Dar-four garnissent de peau leur tymbale militaire, est accompagnée d'un certain nombre de pratiques superstitieuses, parmi lesquelles on remarque l'usage de sacrifier un enfant de chaque sexe. Même encore à présent plusieurs idoles sont l'objet du culte des femmes qui composent le harem du sultan ; et pour obtenir de la pluie, les montagnards offrent une espèce de sacrifice à la divinité des montagnes.

Il règne parmi les esclaves des idées conformes à l'esprit qui dirige ces fêtes. L'un d'eux étant mort subitement, ses camarades se persuadèrent qu'il avoit été possédé du démon, et pas un ne voulut consentir à laver son corps. Ce ne fut même qu'avec la plus grande difficulté qu'on pût les engager à le transporter au lieu de la sépulture.

On raconte que les peuples du Dageou, pays situé vers l'ouest, et, dit-on, dans le voisinage du Bergou, envahirent autrefois le pays connu maintenant sous le nom de Four, et en conservèrent la souveraineté, jusqu'au moment où épuisés par des divisions intestines, ils y furent remplacés par la race de rois actuellement régnante, race dont il m'a été impossible de découvrir l'origine. Elle sort probablement de quelque peuplade de maures, que les arabes auront pu chasser des parties septentrionales de l'Afrique. Quant aux peuples de Dageou ils étoient, dit-on, venus originairement des environs de Tunis. On prétend qu'il étoit d'usage parmi eux d'allumer, au moment de l'inauguration de chaque souverain, un feu qu'on entretenoit soigneusement jusqu'à l'instant de sa mort. A présent les fourains étalent devant le nouveau monarque les divers tapis sur lesquels avoient coutume de s'asseoir ses différens prédécesseurs : il est tenu d'en choisir un, et son choix, quel qu'il puisse être, devient aux yeux de ses peuples la marque d'un caractère semblable à celui qu'avoit le premier possesseur du tapis préféré.

Une guerre longue et meurtrière soutenue par le sultan Omar, l'un des prédécesseurs de Teraub, contre les peuples du Bergou, avoit, en affoiblissant beaucoup ces derniers, épuisé d'hommes et d'argent les états d'Omar.

En ce moment, trois familles prétendent à l'autorité souveraine du Dar-four : celle d'Abd-el-Casim, celle de Teraub, et celle de Khalifé son frère. Chacune des trois a dans l'armée un parti décidé et nombreux, qui ne se soumettra jamais de bonne foi à aucune des deux autres. Les concurrens sont tellement multipliés, que, selon toutes les conjectures, la mort du sultan actuel sera suivie des plus grands désordres : on s'attend à voir le royaume divisé en plusieurs souverainetés.

Voici maintenant ce que j'ai pu recueillir sur le Kordofan et quelques contrées voisines.

Les peuples du Kordofan adressent le culte qu'ils professent à l'image d'un de leurs rois nommé Abli-Calik, qui les gouverna pendant quatorze ans environ, avec tant de justice et de probité, que le souvenir s'en est conservé parmi eux. Les rois du Kordofan étoient nommés autrefois par le mek de Sennaar; mais après la mort du fils d'Abli-Calik, la foiblesse du Gouvernement de Sennaar, et les dissensions intérieures qui en furent la suite, donnèrent aux peuples de Four la facilité de lui enlever ce pays.

Dans le Kordofan, s'il en faut croire ce que l'on rapporte, bien loin que les parens se croient obligés de montrer le moindre ressentiment des foiblesses de celles qui leur sont attachées par les nœuds du sang, il est d'usage que le père ou le frère se lie d'amitié avec le *refik*, c'est-à-dire, l'amant de sa fille ou de sa sœur, et il est tenu d'épouser ses querelles. Dans le Sennaar, au contraire, l'inconduite n'est permise qu'aux femmes esclaves. Les principaux marchands en ont des compagnies, qui destinées à ce genre de commerce, leur rapportent un bénéfice considérable.

Le pays d'*Afnou*, situé plus à l'ouest que le Bornou, renferme, dit-on, des mines d'argent si abondantes, que les habitans de ce pays se servent de ce métal pour faire des armures; leurs cottes de mailles sont à charnières, et m'a-t-on assuré, extrêmement belles. On prétend de plus qu'ils garnissent de plaques aussi d'argent le poitrail et la tête de leurs chevaux, et que celle de la tête est toujours accompagnée du cornet si fort en usage dans les tems de chevalerie.

Le *Dar-Kulla* est une de ces contrées méridionales, où les jelabs de Bergou et de Four vont quelquefois chercher des esclaves qu'ils payent ordinairement en sel. Ils donnent douze livres de sel pour un esclave mâle (1), âgé de douze à quatorze ans. Une jeune

(1) Sedasé.

fille (1) leur en coûte trois de plus, dont une, disent en badinant les naturels du pays, pour ses yeux, une autre pour son nez, et la troisième pour ses oreilles. Quand le prix se paye en cuivre, deux *rotals* ou livres de cuivre sont estimées comme équivalant à quatre de sel. Les habitans du Kulla font le plus grand cas d'une espèce de gros grains de verre de Venise (2). L'étain a de même beaucoup de valeur parmi eux, ils le portent en anneaux et autres ornemens.

Les habitans du Kulla sont, à ce qu'on assure, les uns noirs, les autres d'une couleur rouge ou cuivrée. Ils ont une prononciation nasale, mais leur idiôme est simple et facile à comprendre. On les croit idolâtres. On remarque en eux une grande propreté, ce qu'on peut attribuer en partie à l'abondance des eaux qui arrosent leur pays. Ils se distinguent par leur honnêteté et même par le scrupule qu'ils apportent dans les marchés qu'ils font avec les jelabs.

Ils ont sur leur rivière des bateaux que l'on conduit comme nos bateaux, partie avec des crocs, partie avec le secours de

(1) Une jarca.
(2) *Hoddûr.*

deux rames. Parmi les esclaves que l'on achète dans le Dar-Kulla, quelques-uns ont été enlevés à main armée, les autres pris de la manière suivante. Dès qu'un homme se permet la plus légère apparence d'envahissement sur la propriété d'un autre, sa punition est de voir réduire en esclavage ses enfans ou les personnes les plus jeunes de sa famille. Bien plus, si un homme aperçoit dans son champ l'empreinte du pied d'un autre, il appelle des témoins, porte sa plainte devant un magistrat, et le fait une fois prouvé, il en coûte nécessairement au délinquant son fils, son neveu ou sa nièce, qu'il est obligé de livrer à la personne offensée. Ces accidens qui se renouvellent sans cesse, ne peuvent manquer de produire un grand nombre d'esclaves. La même peine s'applique à la faute de celui qui, chargé de faire quelque achat dans un marché éloigné, n'aura pas exactement rempli la commission qu'on lui aura donnée. Mais de plus, lorsqu'une personne de marque vient à mourir, sa famille qui ne s'avise pas de l'idée que cette mort puisse être un évènement naturel, ne manque jamais de l'attribuer à la sorcellerie. Alors, pour découvrir le coupable, on oblige toutes les personnes pauvres, habitant le canton à la distance même la plus éloignée, à subir l'épreuve qui consiste à boire d'une liqueur nommée dans le Dar-four *kilingi*, ou bien quelqu'autre du même genre; et la mort ou l'esclavage devient la peine de celui sur le visage duquel on a distingué les prétendues preuves du crime.

Les peuples du Kulla ne connoissent point les maladies, suite du libertinage, mais ils sont très-sujets à la petite-vérole. La portion de pays où vont commercer les jelabs, est soumise à l'autorité d'un roi, le reste se partage entre plusieurs petites tribus, gouvernées chacune par celui de ses chefs dont l'influence se trouve pour le moment la plus puissante. Le *kumla* ou piment y croît dans une telle abondance, que pour un rotal de sel on se procure quatre ou cinq *mids* de son fruit, *le mid* équivaut à-peu-près à un picotin ou quart de boisseau.

Le sol du Kulla est bien arrosé, et composé d'une argile très-épaisse, ce qui donne une grande vigueur à la végétation. On y voit des arbres dont le tronc creusé peut former un canot capable de contenir dix personnes.

J'ai ouï dire à des jelabs qui avoient

été dans le pays de Bergou, que la manière de faire la guerre, en usage parmi les peuples qui l'habitent, étoit d'entrer par une irruption subite sur le territoire ennemi, où sans s'arrêter jamais, ils soumettoient en très-peu de tems une étendue de pays considérable. Ils ne mènent point leurs femmes à la guerre, ce qui rend leurs armées beaucoup plus propres aux opérations militaires, que ne le peuvent être celles des fourains, qui au contraire n'entrent jamais en campagne sans conduire à leur suite une troupe considérable de femmes. Les habitans de Bergou font rarement des selatées (1).

Parmi les peuples idolâtres dépendans du royaume de Bergou, il en est, dit-on, qui font la guerre d'une manière bien redoutable. Ils ne fuient jamais, et durant le combat, leurs femmes placées derrière eux, font rougir dans un grand brasier les pointes des lances qu'elles leur fournissent continuellement à la place de celles qui se sont réfroidies entre leurs mains. Ils se servent aussi d'armes empoisonnées.

Il existe dans les parties les plus reculées

---

(1) Expédition pour enlever des esclaves.

du pays idolâtre (1), un canton dont les habitans sont dans l'usage de manger la chair des prisonniers qu'ils font à la guerre. On en tire quelques esclaves, que les arabes distinguent par le sobriquet de *gnum gnum*. J'ai causé avec plusieurs d'entr'eux : ils sont tombés d'accord du fait que je viens de rapporter. Une autre coutume de ces mêmes peuples est d'enlever au cadavre de l'ennemi qu'ils ont tué, la peau du visage ainsi que celle des mains, de la préparer d'une certaine manière, et de s'en parer ensuite comme d'une marque de gloire. Ils forgent eux-mêmes l'arme dont ils se servent, qui est une lance ou javeline de fer. Ils en font rougir la pointe au feu, l'enfoncent ensuite dans le tronc d'un arbre particulier, et l'y laissent jusqu'à ce que le fer, par sa chaleur, ait séché tout le suc de la partie qu'il a touchée, et se soit ainsi imprégné, à ce que l'on assure, du poison le plus dangereux et le plus violent.

Liste d'un petit nombre de mots et locutions les plus en usage de l'idiôme du Dar-Runga.

Eau   Tta.

(1) Le *Fertit.*

Un padding	*gnung.*
Venez manger	*gagra.*
Rapidement	*undelak nonnera.*
Apportez la tasse	*kiddeki, kiddeki.*
Une natte	*kubbenang.*
Des vêtemens	*lemba.*
Des souliers	*boro.*
Le soleil	*agning.*
Il fait chaud	*agning betran.*
La lune	*medding.*
Un mortier de bois	*bedding.*
Un âne	*gussendé*
Un cheval	*filah.*
Un chien	*ming.*
Une maison	*Ttong.*
Un royaume	*kussé.*
Du bois en général	*unjum.*
Du feu	*nissiek.*
Une femme	*mmi.*
Un homme	*kameré.*
Est-ce moi ?	*ammè ?*
L'action de réprimander	*ggò !*
Grain	*assé.*
Maïs	*dimbiti.*
Millet	*gurwendi.*
Un oiseau	*kidi.*

2.   7

Une fourmi ailée	*agnemá.*
Une lance	*sâbbûk.*
Un couteau	*dangala.*
Le pied	*itar.*
L'œil	*khasso.*
L'oreille	*nesso.*
La main	*tusso.*
Bleu clair	*endréng.*
Fumier	*abûrr.*
Urine	*nissich.*
Cuivre	*simmeri.*
Etain	*fueddah.*
Grains de verre	*arrû.*
Les reins (*de même*)	*arrû.*
Un	*kadenda.*
Deux	*embirr.*
Trois	*attik.*
Quatre	*mendih.*
Six	*subotikeda.*
Sept	*ow.*
Huit	*sebateïs.*
Neuf	*atih.*
Dix	*bûff.*
Pluie	*kinga.*
Dieu (*de même*)	*kinga.*
Au nom de Dieu, (*manière de conjurer*)	*kinga go!*

Miel	*tuggi.*
Poisson	*kognong.*
Viande	*missich.*
Gruau	*ba-birré*
Pierre	*dissi.*
Une étoile	*beité.*
Les étoiles	*betté-jŭk.*
Un esclave de l'un ou de l'autre sexe	*guiah.*
Un esclave mâle	*guiah meré.*
Une esclave femelle	*guiah mmi.*
Une montagne	*ddéta.*
Le vent	*wwi.*
Fraisil	*firgi.*

CHAPITRE XXI.

OBSERVATIONS MÉDICINALES.

Psorophtalmie. — Peste. — Petite-vérole. — Ver de Guinée. — Scorbut. — Maladies vénériennes. — Ulcères. — Tenia. — Hernies. — Hydrocèle. — Hémorrhoïdes et fistule. — Apoplexie. — Hernies ombilicales. — Accouchemens. — Hydrophobie. — Phlébotomie. — Remèdes. — Observations. — Circoncision. — Excision.

Les remarques suivantes sont presque toutes le fruit de mes observations personnelles. Si le physiologiste y peut trouver quelque récréation, si le voyageur en tire des connoissances capables de contribuer à l'adoucissement de maux auxquels il se voit exposé, elles auront parfaitement rempli le but que je me suis proposé en les publiant.

Quant aux renseignemens qu'y pourroient chercher des professeurs de médecine, persuadé qu'une légère teinture de leur art ne peut me mettre à portée de leur en procurer de bien satisfaisans, je crois cependant pouvoir conserver encore l'espérance de leur présenter quelque avantage, et cette espérance sera fondée sur le principe de l'un de ceux qui a le plus honoré leur profession, et qui dans un siècle où l'art de guérir étoit peut-être plus riche en expériences qu'il ne l'est même de nos jours, avouoit avoir lieu de penser que dans ce genre il étoit peu de faits dont la narration exacte ne pût porter avec elle son utilité.

Psorophtalmie.

C'est une remarque qu'on a faite en Égypte et particulièrement au Caire, que le nombre des aveugles et de ceux qui ont la vue attaquée, y est très-considérable en raison du nombre des habitans. Ce phénomène, qu'on ne peut contester, a été expliqué de différentes manières : les uns en ont cru voir l'origine dans l'usage habituel du riz ; d'autres, dans l'effet d'une poussière extrêmement fine, continuellement répandue dans l'air ; d'autres ont attribué, sinon en tout, du moins en partie, à l'eau du Nil, la naissance et la continuation de cette incommodité.

Le seul moyen d'indiquer l'origine d'une maladie, seroit d'en exposer avec soin tous les accidens ; mais cela devient très-difficile à l'égard de cette espèce d'ophtalmie qui règne en Egypte, vu la quantité de symptômes qui la caractérisent, depuis la fluxion et inflammation jusqu'à la perte totale et irréparable de la vue, occasionnée par l'épaississement de la cornée. Un oculiste instruit par une longue résidence sur les lieux, et par une pratique très-étendue de ce genre de maladie, pourroit seul en rapporter exactement tous les effets progressifs, et comparer entr'elles les différences qu'il auroit remarquées sur les différens malades. Quant à celui qui observe en voyageant, quelque soin qu'il apporte dans ses recherches, il lui est beaucoup plus aisé de prouver la nullité des causes admises par quelques autres, que d'en assigner une véritable.

Pour commencer par les effets qu'on attribue à l'eau du Nil, il paroît impossible que, simplement introduite dans l'estomac, elle en produise aucun sur les yeux, sans qu'il se manifeste d'abord quelqu'altération dans les fluides entretenus par l'opération continuelle qui convertit en chyle une partie de nos alimens; ensorte qu'il n'est aucune imprégnation de parties, soit minérales, soit végétales, qui puisse agir sur les yeux sans affecter en même-tems quelqu'autre point de l'économie animale. On remarque l'effet de l'opium sur le sang et les fibres musculaires; celui du mercure sur les glandes et les vaisseaux lymphatiques ; celui des cantharides sur les nerfs : et chacune de ces substances reçue dans notre corps en trop grande quantité, peut produire sur les yeux un effet qui leur soit contraire ; mais cet effet sera toujours la suite d'un autre plus général ; et peut-être dans tout le catalogue médicinal ne trouvera-t-on pas une seule drogue ou un seul minéral connu, dont la simple introduction dans l'estomac ait la puissance d'opérer sur les yeux un effet absolument local. Cet effet seroit même absolument contraire à toutes les données acquises par rapport à la manière dont agissent les remèdes sur le corps humain.

De plus, s'il falloit regarder l'usage de l'eau du Nil comme la cause ou l'une des causes de ce mal si commun, il devroit attaquer tous ceux qui en boivent dans une égale proportion, abstraction faite du degré de solidité qui se peut rencontrer dans la fibre de chacun d'entr'eux ; et il est constant qu'il se manifeste très-peu parmi les gens d'un certain ordre, c'est-à-dire, ceux précisément qui se servent le plus de l'eau de la rivière, soit comme boisson, soit pour les usages extérieurs.

Le riz, l'un des alimens farineux les plus nourrissans et les plus sains, ne peut certainement produire d'âcreté dans les humeurs, ni par conséquent porter aux yeux aucune inflammation. La plus grande partie des asiatiques en compose sa principale nourriture, il forme chez plusieurs autres peuples, un objet considérable dans la consommation; et l'on ne s'est jamais aperçu qu'il produisît en eux aucun effet semblable à celui qu'on lui veut attribuer ici. Il est donc permis de nier qu'il renferme aucune propriété de ce genre.

La troisième opinion concernant l'action pernicieuse d'une cause extérieure, nous présente quelque chose de beaucoup plus plausible. On ne peut rien imaginer de plus subtil que la poussière qui s'élève du terrain fertile de l'Égypte, lorsqu'aucune espèce d'humidité ne lie les parties dont il se compose. Et comme il n'est presque aucun pays connu où la sécheresse soit aussi absolue que dans celui-ci, l'air y demeure pendant un certain tems de l'année, en quelque sorte imprégné de cette poussière, d'autant plus dangereuse que, se détachant d'un sol extrêmement nitreux, cette circonstance, commune d'ailleurs à plusieurs contrées, lui donne une qualité fort irritante. Extrêmement fine et légère, elle vole non seulement dans les rues, mais elle s'introduit dans les maisons, et pénètre jusques dans les réduits fermés avec le plus d'art. Il est impossible que les yeux n'en soient pas affectés à un certain point. Mais la nature n'a pu vouloir qu'une partie aussi exposée de notre corps, demeurât sans moyens de défense ou de soulagement. Les sécrétions de la glande lacrymale sont en général plus que suffisantes pour contre-balancer les effets pernicieux qui pourroient résulter de l'action d'une substance corrosive ou irritante, sur la partie extérieure de l'œil ; d'autant, comme on a dû l'observer, qu'elles se proportionnent toujours au besoin qu'on en peut éprouver. Cependant il est impossible de dissimuler que si l'on n'emploie le secours des remèdes, cette action continuelle d'une cause nuisible ne doive surmonter à la fin les moyens que la nature puise en elle-même pour s'opposer à ses efforts.

C'est précisément ce qui arrive aux habitans du Caire. Ils n'imaginent point qu'il faille régler le régime d'après les symptômes de la maladie ; et leurs remèdes sont, pour la plupart, composés ou employés de manière à augmenter plutôt qu'à détruire le mal. Contens d'écarter la douleur, ils n'en connoissent pas d'autres que l'application des topiques, et encore ne consentent-ils pas toujours à s'en servir. Ceux dont ils font usage le plus habituellement dans ces sortes de fluxions que les gens de l'art appellent dysophtalmie, sont le *kohhel*, mélange de potée d'étain avec de la graisse de brebis, ou bien la tutie, astringent beaucoup plus fort, qu'ils emploient en poudre fine, et que je crois beaucoup plus propre à augmenter qu'à adoucir l'irritation.

Dans leurs fluxions, les gens du peuple regardent l'eau comme extrêmement contraire ; de manière qu'ils se lavent très-rarement les yeux. Lorsque la poussière qui s'y amasse commence à leur faire éprouver une sensation pénible, ils se servent, pour l'écarter, du frottement de leurs doigts, ou d'un linge de coton fin. Quant aux personnes d'un ordre supérieur, qui sont plus attentives à la propreté, et plus exactes à observer la pratique des ablutions, on les entend rarement se plaindre à un certain point de cette infirmité; et j'en ai vu plusieurs arrêter les progrès du mal dans ses commencemens, par les moyens connus dans les autres pays; tels que l'eau de rose, l'extrait de saturne, le sucre, etc.

En supposant que le lecteur ne se contentât d'aucune des explications que nous venons de lui donner, et que même la réunion des faits énoncés ne lui présentât point une solution satisfaisante sur l'objet de nos recherches, on pourroit alors y trouver une autre cause, et Savary semble nous l'indiquer. Il croit voir l'origine de cette foiblesse de vue qui afflige la plupart des égyptiens, dans l'habitude qu'ils ont contractée de demeurer exposés dans l'été à l'air de la nuit, et à l'épaisse rosée qui, s'élevant de la terre dans cette saison, forme un contraste dangereux avec la chaleur qu'ils ont éprouvée pendant le jour. En effet, les personnes qui n'ont pas eu soin, en dormant, de se tenir le visage exactement couvert, éprouvent dans les yeux, au moment où elles s'éveillent, une demangeaison extrêmement désagréable.

On le remarque davantage dans les villes où, plus renfermé pendant le jour, le peuple sent davantage le besoin de jouir sur les terrasses de la fraîcheur de la nuit.

Les mamlouks et les arabes d'un rang élevé, tels que les marchands mahométans, les cophtes et les francs de la première classe, en sont préservés en général par le soin de se tenir proprement, et celui de ne pas s'exposer à l'air de la nuit qu'autant qu'il peut être nécessaire, et en se couvrant bien. Les arabes du Désert qui ne dorment jamais le visage exposé à l'air, et n'ont d'ailleurs contre eux ni la poussière, ni les autres prétendues causes qui produisent la psorophtalmie dans les villes, n'y sont pas plus sujets qu'aucun autre peuple de la terre. Ce mal n'est nulle part aussi général qu'au Caire, parce que nulle part ne se trouvent réunies dans un tel degré toutes les causes qui peuvent concourir à le produire. Il est cependant connu à Damiette et à Alexandrie; ce qui prouve que l'existence de ces causes n'est point bornée au Caire. La classe pauvre de tous les pays est dominée en général par une sorte d'insouciance. Le peuple du Caire, exposé à la rosée de la nuit et à tous les changemens de température, est extrêmement peu couvert : aussi est-ce dans la populace que les maladies dont nous parlons se trouvent le plus généralement répandues. Les enfans de toutes les classes sont aussi très-sujets aux inflammations d'yeux, mais on les dissipe facilement au moyen de remèdes convenables ; ce qui peut faire supposer qu'avec un peu d'attention les égyptiens s'en préserveroient aussi bien que les autres peuples.

Quelques voyageurs ont pensé que les ophtalmies, si communes au Caire, doivent provenir des exhalaisons fétides qui s'élèvent du khalige et des étangs : ils disent avoir observé que les plus malades pendant l'hiver recouvroient la santé aussitôt que l'eau étoit parvenue à combler le khalige et les étangs. C'est même une idée généralement répandue parmi les naturels du pays : « L'infection m'aveugle » disent-ils souvent lorsqu'ils se trouvent dans un lieu où s'exhale une odeur désagréable ; et l'on peut remarquer que ces sortes de dictons particuliers aux habitans d'un même pays, méritent presque toujours quelqu'attention. L'on objectera cependant que, quelle que soit la quantité des miasmes qui s'élèvent du canal, ils ne peuvent être également répandus par toute la ville, et que s'ils produisoient les maux d'yeux, les francs, les grecs et les autres étrangers qui habitent auprès de ce dépôt de putridité, y devroient être beaucoup plus sujets que le reste des habitans. Ce peut en être cependant une des causes ; une autre que j'admets encore, est l'âcreté de cette poussière fine dont j'ai déja parlé : mais celle que je regarde comme la plus puissante de toutes, est l'imprudence avec laquelle on s'expose à l'air de la nuit et à la rosée. A leur influence réunie se joint peut-être, sous un soleil que ne voilent jamais aucuns nuages, la réflexion de ses rayons tombant verticalement sur la vaste étendue d'un sable stérile, où l'œil ne rencontre aucun ombrage où il puisse se reposer.

Il se peut faire qu'aucune de ces explications ne paroisse entièrement remplir le but qu'on s'est proposé en les donnant : mais parmi les maladies locales il en existe un si grand nombre dont l'origine est encore inconnue, qu'on ne s'étonnera point si la cause de celle-ci demeure également problématique.

Peste.

Ce n'est point par des suppositions, mais par des essais multipliés, des recherches les plus scrupuleuses et les plus opiniâtres, que l'art de guérir s'est élevé dans l'Europe moderne à ce degré de supériorité, dont l'antiquité ne nous fournit pas d'exemple.

Rien n'est moins difficile que de former d'ingénieuses conjectures, et rien lorsqu'il s'agit de choses susceptibles à d'expérience, n'est moins utile et ne peut devenir plus dangereux : mais rien aussi n'offre une route plus séduisante à l'indolence de l'esprit humain, et un appât plus flatteur à cette vanité qui lui fait trouver tant de charme dans les opérations qu'il croit pouvoir attribuer à sa propre force. De là, ces hypothèses fondées sur quelque fait isolé, ou peut-être même sur une erreur spécieuse, et avancées avec tant de chaleur, tandis que les preuves les plus puissantes qui s'élèvent pour les combattre, oubliées ou même dénaturées, servent quelquefois à établir ce qu'elles devoient détruire ; c'est ainsi que sans balancer, des écrivains ont attribué aux vents étésiens l'accroissement régulier des eaux du Nil; c'est ainsi que quelques personnes encore, pensent trouver dans les exhalaisons putrides du limon qu'il dépose, l'origine de cette maladie, qui si souvent à presque entièrement dépeuplé le Caire.

Quant à nous, nous ne nous permettrons jamais de rien affirmer sur l'origine d'une maladie, sans en avoir auparavant examiné les symptômes les plus minutieux et les plus sujets à varier. Cette méthode scrupuleusement suivie dans le détail, ne pourroit que présenter les résultats les plus exacts ; mais il ne nous a pas été possible de l'adopter à l'égard de la peste. Ce nom seul porte l'égarement dans l'ame timide; il étonne même le courage. Il ne s'offre que des conjectures sur ce qui la peut causer, et jamais le lit du pestiféré n'a été surveillé par un praticien expérimenté ou du moins instruit. Aucun n'a pris le soin d'examiner les effets que produit la maladie sur différentes personnes, ou seulement ceux qu'elle manifeste sur le même individu dans ses différens périodes. A peine, dit-on, s'en est-il trouvé d'assez tranquilles pour recueillir patiemment de la bouche du malade un récit détaillé de ses souffrances, et ce récit répété par un tiers n'a pu manquer de s'altérer beaucoup.

Fiers de leur doctrine, assurés sur leur foi, pleins de courage et de confiance tant que la maladie n'a menacé que le malade, le médecin et le prêtre s'empressent également de disparoître aux premières apparences de peste. Il ne reste plus que l'ignorant, l'apathique mahométan qui, frappé d'une respectueuse terreur, aveuglément soumis à l'irrévocable fatalité, demeure jusqu'à la fin attaché sur le lit de mort de son parent ou de son ami. Et combien sont propres à nous égarer les rapports dictés par le préjugé? quelles observations pouvons-nous attendre de celui qu'a dominé la stupeur?

Ainsi quoique la peste ait son nom dans la nosologie, l'on ignore encore à-peu-près où existe le siége de ce mal. Il n'est aussi personne de nos jours en état de déterminer quels rapports se trouvent entre la peste dont parle Thucydide, et la maladie connue sous le même nom dans l'Egypte moderne et dans la Turquie, ou qui soit capable de nous apprendre à quel point pouvoient se ressembler ces maladies contagieuses qui, à différentes époques, ont ravagé pendant des siècles entiers les diverses parties de l'empire ottoman. Ceux des européens qui, après avoir voyagé dans le Levant, ont écrit de profonds traités sur cette matière, se sont cru suffisamment instruits pour avoir vu jeter hors des maisons une certaine quantité de cadavres, dont la peur leur aura pu grossir le nombre dans la proportion de cinq cents à dix mille.

Voici relativement à la peste ceux des principaux faits que l'on croit pouvoir regarder comme certains, 1.° que la maladie ne se communique que par le contact, ce qui semble devoir la rendre moins dangereuse que plusieurs autres maladies; 2.° que la contagion pénètre et se conserve dans certains objets, tels qu'un vêtement de laine et une corde de chanvre, et que quelques autres, comme un morceau d'ivoire, un morceau de bois, une corde de dattier, ne partagent nullement la même faculté, non plus qu'aucune des matières qui auront été trempées dans l'eau; que si l'on en croit les habitans du Caire, de tous les animaux l'homme est le seul sujet à cette maladie, et que cependant, dit-on, l'on a vu un chat la porter d'une maison dans une autre; 3.° qu'il s'est trouvé des maisons où une personne a été attaquée de la peste, et en est morte sans que les autres placées absolument dans la même position en aient ressenti le plus léger symptôme; 4.° que la même personne en peut être attaquée autant de fois qu'elle se trouvera exposée à la gagner; 5.° qu'elle est plus dangereuse pour les jeunes gens que pour les vieillards; 6.° qu'il n'est point de climat où l'on s'en puisse croire absolument à l'abri; 7.° que cependant l'excès du froid et celui du chaud paroissent également propres à l'arrêter; qu'on a vu, non pas toujours, mais souvent l'hiver à Constantinople et l'été au Caire, la terminer entièrement : deux faits qui pourroient également nous porter à chercher les causes de la maladie dans une absorption qui se seroit effectuée dans la peau, à moins que dans le dernier cas on ne voulût attribuer le changement remarqué à celui que produit dans l'air l'accroissement des eaux du Nil.

Les symptômes de la peste sont, dit-on, d'abord la soif; 2.° la céphalalgie; 3.° une roideur et un mal-aise général, accompagnés de rougeur et d'enflure autour des yeux; 4.º le suintement des yeux ; 5.º des pustules blanches qui s'élèvent sur la langue. Quant aux derniers symptômes, tels que les boutons, la fétidité de l'haleine, etc. ils sont connus, et je ne puis rien ajouter d'authentique à ce que l'on sait à cet égard. Il n'est pas rare que le malade guérisse même après avoir passé par tous ces périodes de la maladie : alors, dans les divers endroits où s'est établie la suppuration, la peau conserve une couleur étrangère, ordinairement approchant du pourpré. Plusieurs personnes, après avoir été saignées dans le commencement de la maladie, s'en sont retirées sans éprouver aucun des symptômes alarmans; mais on ne peut savoir certainement si c'est à cela ou à d'autres causes qu'il faut attribuer leur guérison. On prétend que, hasardée plus tard, cette opération a produit souvent de pernicieux effets. On assure que quelques personnes se sont guéries au moyen d'une continuelle fomentation d'huile sur leurs boutons. Mais ce remède est si difficile à employer, et expose celui qui l'administre à de tels dangers, qu'on ne peut compter à cet égard sur la certitude des expériences. Les naturels du Caire sont d'ailleurs beaucoup trop indolens pour recourir à aucun remède, et trop superstitieux pour chercher à éviter le danger.

On pourroit croire que la peste qui se manifesta en Egypte dès l'an 1348, lorsque Constantinople étoit encore soumise aux empereurs grecs, et que l'Egypte reconnoissoit déja le joug des mahométans, auroit pris son origine dans le pays, si même, en n'admettant pas qu'elle eût pu être apportée d'ailleurs que de Constantinople, un seul exemple donné sans être appuyé par aucun détail, devoit suffire pour infirmer le témoignage des habitans actuels qui tous, chrétiens et mahométans, soutiennent d'un commun accord que la peste n'est point en Egypte une maladie endémique, et que toutes les fois, à leur connoissance, qu'elle s'y est répandue, il a été prouvé qu'elle étoit venue du dehors.

Le savant docteur Mead l'y fait venir de l'Ethiopie, où, à la vérité, la famine et la petite-vérole causent souvent de très-grands ravages, mais où la peste est absolument inconnue ; on ne se rappelle même pas qu'elle ait pénétré dans la haute Egypte, si ce n'est dans un très-petit nombre d'occasions où elle y a été apportée par des bateaux venant du Caire. Au reste, les fréquens renouvellemens de cette maladie en Egypte, sont suffisamment expliqués par ce fait à-peu-près reconnu, qu'elle ne cesse jamais entièrement à Constantinople.

Un de nos poètes, suivant les caprices de son imagination, a voulu attribuer à la mal-propreté de la ville du Caire, et au limon du Nil, la contagion qui se répand quelquefois dans ces contrées. Mais sans compter que de presque tous les pays que j'ai entendu décrire, l'Egypte est celui où l'atmosphère est la moins susceptible de fermentation et de putréfaction, le Caire est assurément bien loin de cette mal-propreté dont on l'accuse. Jamais on ne laisse dans les rues, pendant l'espace de vingt-quatre heures, aucune matière propre à alimenter la contagion. On enlève même pour les brûler, ces dégoûtans immondices, qu'à Paris et à Londres le passant se voit exposé à rencontrer pendant des mois entiers.

Le limon du Nil se dessèche presqu'aussitôt que l'eau s'en est retirée, excepté pourtant, dans le canal (1) d'où s'élève alors, il le faut avouer, une odeur peu agréable, mais qui est si loin d'exhaler cette vapeur pestilentielle qu'on lui attribue, que les francs en particulier qui font leur demeure précisément à côté, ne sont jamais attaqués de la peste, et doivent se compter parmi les habitans les plus sains de cette métropole.

Petite-Vérole.

La petite-vérole est pour les peuples du Soudan, soit nègres ou maures, une maladie extrêmement dangereuse, et seulement un peu moins à craindre pour les bédouins d'Egypte. La coutume de l'inoculation est assez répandue parmi les chrétiens du Caire. Elle a gagné quelques mahométans, mais il est presqu'impossible de résoudre ces derniers à adopter notre méthode de traitement.

Deux causes peuvent contribuer à cette mortalité qui, parmi les nègres, accompagne ordinairement la petite-vérole : d'abord un traitement presque toujours mal-

(1). Le knalige.

adapté au genre de la maladie, mais sur-tout à la nature de leur peau, qui beaucoup trop épaisse pour céder aux efforts de la nature, repousse dans le sang le venin dont celle-ci cherche à se délivrer par l'éruption. Je fus chargé d'inoculer cinq des esclaves d'un musulman plus attaché probablement à sa propriété qu'à sa religion. Je leur fis prendre d'abord, comme préparation, une forte dose de séné; et ensuite leur prescrivis un régime. Des cinq, trois s'en tirèrent promptement, après avoir eu chacun, au plus, une quarantaine de boutons. Les deux autres souffrirent beaucoup; et l'un d'eux, soit par suite de quelque négligence dans le traitement, soit qu'il eût pris auparavant la petite-vérole, soit enfin par un effet de sa conformation, mourut au moment de l'éruption, qui cependant ne se trouvoit pas confluente. Ils étoient de la véritable espèce des nègres appelés *fertit*, et aucun n'avoit atteint douze ans.

Ver de Guinée.

Fertit est le nom que donnent les mahométans de Four aux idolâtres dont le pays avoisine le leur, ou bien au pays même. Ils l'appliquent aussi à la maladie, connue dans d'autres langues sous celui de ver de Guinée. Ce mal est très-commun parmi les esclaves, et attaque quelquefois les gens libres. Quelques personnes le croient contagieux ; mais cette opinion n'est appuyée d'aucune certitude. Le fertît s'annonce par une tumeur blanchâtre, dure et douloureuse au commencement. Cette tumeur s'élève le plus souvent auprès du genou, dans la partie charnue de la cuisse, ou bien au bas du cou-de-pied. Lorsqu'elle est parvenue à sa maturité, il en sort un petit ver blanc, qu'il faut, à mesure qu'il paroît, rouler autour de quelque chose, et qui entraîne avec lui une matière purulente. Il peut devenir très-dangereux de le rompre en le retirant, et souvent du moins cet accident fait durer la maladie jusques à quatre et même six mois. On n'y connoît pas de remède certain. Elle se manifeste ordinairement au commencement de l'hiver et après les pluies, et cesse en général aux premières chaleurs. On la croit causée par l'eau qui est remplie d'un grand nombre de petits animaux ; malgré cela on ne prend aucun soin pour la purifier.

Les gens du pays jugent, par l'endroit

où se termine la tumeur, de celui où se trouve l'extrémité du ver, et s'imaginent qu'en piquetant avec un fer chaud la peau qui le couvre, ils le feront sortir beaucoup plus vîte; mais cette douloureuse opération ne m'a jamais paru produire aucun effet. On a remarqué que certaines personnes étoient plus sujettes que d'autres à cette maladie; cependant aucun âge, sexe ou couleur ne s'en peut croire entièrement à l'abri.

Scorbut.

Le scorbut est extrêmement rare en Egypte et en Syrie. Je n'ai pas vu, dans la première de ces provinces, une seule personne qui en fût attaquée. J'en ai connu dans le Dar-four, chez lesquelles il se manifestoit dans les gencives, mais aucune dont le sang parût renfermer un vice scorbutique. Comme en ce pays la transpiration est rarement interrompue et presque toujours abondante, elle doit nécessairement emporter une grande partie des humeurs âcres, et empêcher qu'elles ne s'augmentent. On n'y connoît point d'ailleurs ces alimens salés qui rendent le scorbut si commun dans le nord de l'Europe, et la nourriture des habitans s'y compose, en grande partie, de végétaux, toutes causes capables de contribuer à éloigner le scorbut, mais aucune peut-être, aussi puissamment que l'eau du Nil, que l'on peut regarder comme un souverain laxatif, et qui par l'altération de ses parties, dans le moment de l'accroissement, n'acquiert une qualité très-favorable à la purification du sang.

Maladies vénériennes.

Ce mal qui remonte aux sources de la génération, et vient empoisonner l'une de ces jouissances que la nature a parsemé de loin en loin parmi les vicissitudes de la vie ; ce mal que l'esprit de conquête et les vues philantropiques des européens ont contribué presque autant que leur ambition ou leur avarice, à répandre dans toutes les contrées, où, pour le malheur des peuples, a pénétré leur domination; ce mal, dis-je, ne se montre cependant pas en Egypte, suivi des terribles symptômes, qui en d'autres pays accompagnent ordinairement ses progrès.

La nature de l'air, le genre de vie des naturels du pays, et plus que tout cela peut-être, la température du climat qui entretient le corps dans un état habituel de transpiration, rendent les effets de la maladie beaucoup moins fâcheux qu'ils ne peuvent l'être parmi nous, ou même dans les îles de l'Archipel.

Toutes les institutions du Prophète tendent à restreindre le libertinage; mais elles n'auroient pu le détruire assez pour empêcher la propagation du mal qui en est la suite, si d'ailleurs le venin qui le produit étoit aussi actif en Egypte qu'en d'autres pays.

Les yeux sont à la vérité affligés quelquefois du dégoûtant spectacle des ulcères vieillis, des visages mutilés, et des autres conséquences de cette hideuse maladie; mais ces rencontres sont rares, et les effets dont je viens de parler, sont notoirement le résultat d'une négligence excessive, ou de l'imprudence avec laquelle ceux qui les éprouvent se sont plusieurs fois exposés au même danger, sans employer aucun moyen pour en arrêter les suites.

Il est d'autant plus heureux que cette maladie ne se manifeste pas en Egypte d'une manière aussi violente que dans les autres contrées, que le seul remède qu'on y puisse appliquer avec quelque certitude de réussite, le mercure, perd dans ce climat beaucoup de ces qualités qui le font administrer avec tant de succès sous des zônes plus tempérées. On dit qu'employé même en beaucoup plus petites doses qu'en Europe, il produit très-promptement le ptyalisme, à moins qu'il ne passe avec les excrémens, sans qu'il en résulte aucun effet visible.

Voici ce que m'a rapporté, à ce sujet, un franc, médecin au Caire et accoutumé au climat : il donna une fois à un malade deux drachmes de mercure en trente pilules, à prendre une chaque jour avec de la gomme arabique et du sirop de chicorée. Le remède fut administré pendant sept jours, suivant son ordonnance ; ensuite après trois jours d'intervalle, on doubla pendant cinq jours la dose des pilules, sans qu'au bout de ce tems elles eussent produit aucun effet visible, ni suivi une autre route que celle des alimens. D'autres fois des doses beaucoup moins considérables avoient, dans l'espace de deux jours, porté une telle inflammation aux glandes salivaires, qu'il avoit été obligé d'abandonner ce traitement pour recourir à d'autres moyens de guérison.

Les naturels du pays ne connoissent pas la méthode d'employer le mercure à des remèdes intérieurs, non plus qu'aucun autre minéral ; ils se prétendent cependant en possession de moyens très-efficaces pour la guérison de ces sortes de maladies. Ils se servent à cet effet, d'huile de graine de lin fraîchement exprimée. J'ai connu au Caire un grec employé comme marin (1) au service de Mourad-Bey, qui fut attaqué de cette maladie. Il s'adressa à un médecin franc, qui lui conseilla de recourir aussitôt au mercure. Très-peu disposé au régime et à la vie sédentaire qu'exigeoit un pareil remède, il fut à Jizé chercher un cophte qui professoit aussi l'art de guérir. Celui-ci lui ordonna de prendre, tous les matins à jeun, deux tasses à café d'huile de graine de lin, et ne lui prescrivit rien, quant à son régime, que de se tenir très-chaudement. Au bout de deux mois de traitement, pendant lesquels il ne craignoit point de s'exposer au soleil, il continua de se livrer à l'usage de l'eau-de-vie, et même aux plaisirs qui avoient produit sur lui un si fâcheux effet; ce qui lui fut d'autant plus facile qu'on dit dans ce pays qu'une fois bien guéries, les personnes qui ont été attaquées de cette maladie, ne

(1) Galéongi.

peuvent plus craindre de rechûtes. Le grec fut bientôt couvert d'une éruption qui se manifesta principalement autour de la tête, et aux glandes de la gorge. Je le vis en cet état. Son esculape lui ordonna d'enduire les boutons de son visage avec une espèce de terre rouge, qui se trouve dans quelques endroits de l'Egypte. Les boutons se séchèrent par degrés, et tombèrent sans laisser aucune marque. Dans l'espace de trois mois, à compter du moment où il s'étoit adressé au cophte, et d'un seul à partir de celui de l'éruption, la santé de cet homme se trouva parfaitement rétablie, et sa peau avoit recouvré son poli et sa fraîcheur.

Lorsqu'il s'agit d'une simple gonorrhée, on se sert d'une décoction de mauve, et on paroît compter beaucoup sur l'efficacité des diurétiques. Je n'ai pas oui dire que les injections fussent employées, que par ceux qui ont adopté la manière européenne de traiter les maladies. Lorsqu'il y a inflammation ou tension, on applique sur la partie affectée, certaines herbes et racines préparées par la macération.

A l'égard des chancres et autres ulcères extérieurs, on a soin de les laver à différentes reprises, avec de l'eau de savon ; ensuite on les couvre de cette terre rouge dont j'ai déja fait mention. Je n'ai jamais été à portée d'en voir les effets, mais on assure qu'ils sont très-prompts et très-satisfaisans.

Je n'ai pas vu qu'au Dar-four cette maladie fût plus dangereuse que dans l'Egypte. J'ai seulement rencontré quelques individus qu'elle avoit privés des organes de la génération.

Les vieilles femmes qui en général y professent la médecine, emploient pour ces sortes de maux une racine dont je n'ai pu parvenir à connoître le nom ni l'espèce, mais qui, infusée dans le *bousa*, paroît produire les effets les plus salutaires.

Les écoulemens de sang corrompu sont des accidens très-fréquens dans le pays, et en ce cas, la répétition des mêmes excès conduit bientôt à une impuissance prématurée. Plusieurs exemples prouvent l'utilité des étuves ou bains chauds en usage au Caire; mais il est difficile d'admettre dans toute son étendue, l'assertion de Savary qui prétend qu'ils peuvent même opérer une parfaite guérison. Il n'est pas douteux cependant qu'ils ne diminuent plusieurs des accidens les plus fâcheux.

Il n'est pas de contrée où les maladies de poitrine soient plus rares qu'en Egypte, preuve assurément que les bains ne contribuent point à les multiplier.

Lèpre.

La lèpre est beaucoup moins connue en Egypte qu'en Syrie. Elle existe néanmoins dans la première de ces deux contrées, et s'y présente accompagnée de tous ses affreux caractères. Des jointures enflées et contournées, une peau livide et desséchée, couverte de taches et de crevasses, tel est le spectacle qu'elle présente le plus habituellement.

Je l'ai vue sous toutes les formes : celle qu'on nomme *borras* ; une autre connue sous le nom de *jiddâm*, etc. On ne voit au Caire aucun établissement pour les malheureux lépreux. Forcés par les préceptes de leur religion de s'interdire l'approche de leurs semblables; exclus de la société par une police insuffisante et sans vigueur, ils ont cependant la permission de mendier dans les rues. J'ai ouï parler d'une lèpre à son dernier période, qui avoit été guérie au moyen du sublimé corrosif pris en petite dose. Je ne crois pas que les naturels du pays connoissent aucun remède pour cette maladie.

La lèpre nommée *borras*, qui est assez commune dans le Dar-four, forme sur les nègres la plus étrange bigarrure, en ce qu'elle rend absolument blancs tous les endroits de leur peau et de leurs cheveux qui en sont attaqués. J'ai vu une autre espèce de lèpre qui commence par les mains : c'est, je crois, celle qu'on nomme *jiddâm*. Elle fut guérie sous mes yeux, par un esclave natif du royaume de *Baghermi*; mais on ne put obtenir de lui qu'il révélât les moyens dont il s'étoit servi.

Maladie de bile.

Rien n'est plus commun en Egypte et dans le Dar-four, que les maladies occasionnées par de trop abondantes sécrétions de bile. *Murar*, c'est-à-dire la bile ou le fiel, est parmi les peuples de ces contrées le nom générique de ces sortes de maladies, ou du moins celui dont ils se servent pour les désigner dans leurs commencemens; car ils sont très-peu soigneux dans le choix des noms qu'ils emploient, jusqu'à ce que des signes bien distincts les aient avertis des différences qu'il devient nécessaire de caractériser. Il paroît qu'il ne connoissent aucun remède pour les maladies de bile ; ainsi rien parmi eux n'en arrête les progrès ; et fort sujets aux accidens qu'elles entraînent à leur suite, ils les augmentent encore par le défaut de régime.

Le *tuhhâl* ou *tehhâl*, nom qu'ils donnent à la maladie du spléen (1), est extrêmement commun parmi eux. Il se manifeste extérieurement par une tumeur dure au toucher, qui se forme dans les environs de la rate, et qui peut augmenter et diminuer, et par une enflure générale au-dessus du nombril.

En Egypte, les chrétiens et quelques mahométans moins scrupuleux que les autres, font usage d'eau-de-vie pour écarter momentanément la souffrance ; il ne leur en faut pas davantage. Au Dar-four le seul remède que j'aie vu employer avec quelque apparence de succès, est la follicule de séné mise en poudre, mêlée avec du miel. On le prend en petites boules, comme on prend dans ce pays presque tous les autres purgatifs. J'ai éprouvé que la poudre de James produisoit

(1) *Morbus spleneticus.*

des effets très-favorables sur les personnes chez lesquelles elle provoquoit le vomissement. L'extension de la rate ôte à l'estomac la capacité nécessaire pour contenir une quantité suffisante d'alimens, sans diminuer pour cela le besoin qu'il éprouve d'en recevoir.

De continuels épanchemens de bile, en rendant le foie incapable de ses fonctions, retardent encore la circulation du sang naturellement très-lente dans ces parties. Le sang arrêté forme des obstructions dans la rate où il finit par s'amasser. Il augmente le volume de cette partie ; et ainsi plus rapproché de l'intestin, il se corrompt par le voisinage des matières fécales qui y sont contenues : alors la maladie devient souvent mortelle. Mais il est arrivé quelquefois que ces obstructions étoient plusieurs années sans produire aucun accident dangereux.

La bile ne trouvant plus de passage dans les intestins, elle se répand de la vessie du fiel dans le foie, et finit par se mêler dans le sang ; ce qui produit la jaunisse, autre maladie assez commune parmi les fourains, et qu'ils nomment *saffafir*. C'est dans les yeux qu'elle se fait remarquer d'abord chez les noirs.

Le natron du pays est un remède très-efficace contre les épanchemens extraordinaire de la bile cystique.

Tenia.

Les alimens qui composent en grande partie la nourriture des divers habitans de l'Égypte, sont des fruits, des végétaux, et beaucoup de sucre. Ces alimens les rendent très-sujets au tenia, ou ver solitaire. J'ai vu de très-grands morceaux de ce ver qu'en avoient conservés des médecins européens ; mais je n'ai pas ouï dire qu'ils eussent trouvé aucun moyen de le détruire. Trompés par les différens symptômes de ce mal, tels que les ascarides, etc. les naturels du pays les prennent pour autant de diverses maladies, et les traitent en conséquence. Bien qu'aucune classe n'en soit absolument à l'abri, le peuple, les juifs et les chrétiens réguliers y sont beaucoup plus sujets que le reste des habitans, en raison de l'insalubrité des alimens auxquels pendant la durée des carêmes ils bornent rigoureusement leur nourriture. Le tenia se manifeste au-dehors par une tumeur qui s'élève aux environs du nombril, et par l'altération qui se fait remarquer dans la couleur de la peau qui borde les yeux.

Bruce semble croire que ces maladies de ver si communes parmi les peuples de l'Abyssinie, doivent être attribuées à l'usage des alimens cruds. Mais sans compter qu'il n'est nullement prouvé que cette sorte de nourriture engendre des vers dans les intestins du corps humain, cette maladie n'est chez aucun peuple aussi répandue que parmi les égyptiens qui ne mangent jamais rien qui n'ait été bien cuit.

Hernies.

Les descentes sont très-communes en Egypte, sur-tout parmi les marins. On n'en voit guère qui ne souffre plus ou moins de ce dangereux accident; beaucoup d'entr'eux en sont même affligés d'une manière mortelle. Ce peut être un effet de la situation où ils tiennent la partie inférieure de leur corps, lorsqu'ils sont dans l'eau, où ils passent presque la moitié de leur vie. Mais je crois qu'on doit sur-tout attribuer cette incommodité aux efforts qu'ils sont obligés de faire pour charger et décharger leurs bateaux, et pour les pousser en avant, ce qu'ils font souvent en y appuyant leurs épaules. Les gens du peuple qui sont dans l'usage de porter sur leurs épaules des fardeaux extrêmement pesans, et de soulever des poids énormes, se trouvent aussi très-souvent incommodés de descentes. On fait au Caire des bandages grossiers et insuffisans, plus propres à gêner le malade qu'à le guérir ou à prévenir les accidens. Un moyen employé quelquefois avec succès lorsque les intestins ne sont pas emprisonnés, est de cautériser le scrotum. Cette maladie n'est pas très-commune dans le Dar-four : il y en a cependant des exemples.

Hydrocèle.

L'hydrocèle est extrêmement commune en Syrie, et sur-tout dans la ville de Beirout. On rencontre aussi en Egypte beaucoup de personnes attaquées de cette maladie ; mais elle se remarque principalement parmi les chrétiens des deux contrées. On l'a attribuée, sans beaucoup de vraisemblance, à l'eau du Nil, et à l'usage ou plutôt aux excès d'eau-de-vie, à un certain genre de nourriture. Les naturels du pays connoissent la méthode d'une incision qu'on peut supporter sans danger, et qui favorisant l'écoulement des eaux, occasionne nécessairement un mieux momentané. Mais la maladie se reproduit bientôt, et le seul moyen qui puisse promettre une guérison absolue, est l'application du cautère, qui, malgré la mal-adresse de ceux qui se chargent de cette opération, récompense, par le succès, le courage de ceux qui osent la subir, sans s'arrêter aux périls dont elle est accompagnée.

Hémorrhoïdes et fistule.

Les égyptiens et les habitans du Dar-four sont très-sujets aux hémorroïdes (1). Dans la dernière de ces deux contrées, on les guérit par la cautérisation. Ils sont aussi quelquefois incommodés de la fistule, et savent la guérir au moyen de topiques, sans recourir à l'incision.

Apopléxie.

J'ai vu au Dar-four deux personnes mourir d'apopléxie : c'est ainsi du moins que je crois pouvoir qualifier les accidens dont je vais rendre compte. L'un de ceux dont je parle étoit un jeune esclave d'environ seize

(1) Bowasir.

ans, et l'autre un homme de quarante ans, tous deux d'un tempérament très-sanguin. Le jeune garçon, après s'être tenu par un tems froid devant un très-grand feu, tomba tout-à-coup sans connoissance ; son poulx s'arrêta, il fut saisi d'une violente hémorrhagie, et expira au bout d'une heure et demie. On avoit engagé son maître à le faire saigner, mais les assistans s'y opposèrent, en disant qu'il étoit *scheitân*, c'est-à-dire, possédé du diable. Je ne vis l'autre homme qu'après sa mort ; il étoit couvert de taches causées par le sang extravasé. Celui-ci avoit travaillé à l'ardeur du soleil. Ce qu'on nomme particulièrement coups de soleil, n'est pas un accident très-ordinaire chez ces peuples, par la raison que lorsqu'ils marchent ou travaillent, ils ont l'habitude pour garantir leur tête sur laquelle les rayons tomberoient perpendiculairement, de l'entourer de leur chemise qu'ils relèvent, laissant ainsi le reste du corps à découvert.

Descente ombilicale.

C'est un accident très-commun au Darfour parmi les esclaves, et même les personnes libres, que les descentes ombilicales plus ou moins considérables. On a remarqué que chez les nègres le cordon ombilical étoit plus dilaté que chez nous; mais il est à croire que c'est la suite de quelque faute commise par ignorance ou négligence, ou de quelque mauvaise méthode employée au moment de la naissance des enfans, ce qui au reste ne paroît rien occasionner de fâcheux. Quand le cordon est rompu, on le cautérise comme en Egypte.

Accouchemens.

Les accouchemens des femmes arabes sont remarquables par leur facilité. On raconte que celles des bédouins se délivrent elles-mêmes sur le bord de quelque ruisseau. Il est certain du moins que les femmes cophtes et mahométanes habitant les villes, éprouvent la plus grande répugnance à se servir dans ces occasions du secours d'un homme, et que, malgré le peu d'habileté des sages-femmes, il n'arrive que très-peu d'accidens.

Les femmes du Dar-four emploient de même le secours des personnes de leur sexe, et prolongent rarement au-delà d'un tems fort borné les ménagemens qu'exige leur état. Cependant la nature semble leur avoir rendu l'enfantement plus pénible qu'aux égyptiennes, et elles souffrent par fois, ainsi que leur enfant, des suites de leurs couches. J'en ai vu plusieurs très-incommodées pour s'être trop promptement exposées à l'air.

Hydrophobie.

L'hydrophobie ou *rabies canina*, n'est que très-peu ou point connue, soit en Egypte, soit au Dar-four. Je n'y ai jamais entendu dire qu'aucun homme, ni aucun animal eût été atteint de cette maladie. Cela pourra paroître d'autant plus remarquable, que ces deux pays sont remplis d'une multitude de chiens qui ne peuvent pas toujours parvenir à trouver de l'eau; et l'on sait que l'opinion vulgaire attribuoit autrefois cette maladie terrible à l'excès de la soif. Ce fait pourra contribuer avec beaucoup d'autres, à nous en découvrir enfin la véritable origine.

Idées des orientaux sur les effets des différens remèdes.

Rien de plus simple que la manière dont les égyptiens et tous les habitans de l'Afrique ont coutume de classer les différens remèdes en usage dans la médecine; ils n'en connoissent que de deux espèces, les rafraîchissans et les remèdes propres à échauffer. Ils attribuent aux premiers une grande vertu, et regardent les autres en général comme si pernicieux, que si dans le remède présenté à un malade, celui-ci pouvoit soupçonner la moindre qualité échauffante, les ordonnances du plus habile médecin ne parviendroient pas à le lui faire prendre.

Phlébotomie.

Dans la plupart des maladies qui surviennent passé l'âge de deux ans, ou avant celui de soixante, les peuples de ces contrées ont souvent recours à la scarification, c'est-à-dire, à une légère incision dans la peau. Ce remède si simple s'applique également à la tête, à la poitrine, aux reins et aux jambes; mais je suis loin de croire qu'il puisse produire beaucoup d'effet. Cependant une incision pratiquée auprès de la suture coronale, suffit quelquefois pour faire cesser les maux de tête les plus violens et les plus continus, occasionnés, soit par un exercice trop considérable, soit par quelqu'autre cause.

L'autre manière de saigner, est de se servir d'une espèce de corne, qui préparée à ce dessein, produit le même effet que nos ventouses. La méthode qu'on emploie pour cela est extrêmement simple, ne cause aucune douleur, et permet de tirer autant de sang qu'on le peut juger nécessaire. On l'applique en posant la bouche sur la plus petite ouverture de la corne, et en fermant cette ouverture aussitôt que l'opération est terminée. L'incision se fait ordinairement au moyen d'un rasoir.

Fractures.

Les égyptiens font dissoudre le bitume qu'on ramasse dans les puits à momies; ils le mêlent avec du beurre, ce qui compose pour les fractures et blessures, un remède dont les effets sont, dit-on, surprenans. Il se prend par dose, en même tems qu'on l'applique extérieurement sur la partie affectée.

Pétrol.

On emploie de la même manière et dans les mêmes occasions le pétrol qu'on recueille sur le rivage occidental de la mer d'Arabie auprès de l'isthme de Suez. Il est très-estimé.

Bezoar.

Les orientaux attribuent aussi de grandes vertus au *bezoar* ou *benzoar*. On les a vus assez souvent en payer un très-petit jusqu'à sept guinées. Les médecins européens disent l'avoir employé quelquefois avec succès comme altératif. Ils le font prendre en poudre.

Sel ammoniac.

Parmi les productions médicinales de l'Egypte, il n'en est peut-être pas d'aussi généralement utile que le sel ammoniac, et que la nature ait plus heureusement placée comme pour servir de préservatif contre les incommodités les plus fréquentes dans le pays où elle se trouve. L'esprit-de-sel ammoniac est en même tems carminatif et diurétique, mais son action est très-douce. Quelques gouttes de cette liqueur prises dans de l'eau, sont le meilleur spécifique pour la céphalalgie, et les lassitudes que l'on éprouve en Egypte durant les grandes chaleurs qui précèdent la crue du Nil. Il a souvent guéri des maladies de poitrine occasionnées par le mauvais air, la chaleur suffoquante du vent du sud qui s'élève en de certains tems de l'année, et l'inconvénient de passer subitement des ardeurs du soleil, au froid pénétrant des rosées de la nuit. On peut ajouter que si le soin d'entretenir la transpiration est un des moyens d'éloigner la peste, l'esprit-de-sel ammoniac employé comme il convient, devroit peut-être se placer au nombre des préservatifs mis en usage contre la contagion.

Aphrodisiaques.

Il n'est point en Egypte de compositions médicinales plus recherchées que celles qui peuvent exciter au plaisir. Il s'y fait une grande consommation de *lacerta scincus* en poudre, ainsi que de mille autres stimulans. Des champs entiers y sont semés de *hashish*, le benjoin des Indes orientales. On l'emploie de différentes manières; mais des compositions où on le fait entrer, on n'en connoît aucune qui soit regardée plus efficace, que celle que les arabes appellent *maijûn*. C'est une sorte d'électuaire dont les égyptiens, hommes et femmes, usent sans aucune espèce de modération; et vainement épuisés par l'âge, ou accablés de cette langueur suite de la satiété ou compagne de la maladie, les sectateurs du descendant d'Ismaël ne tiennent point contre l'influence fortifiante de la bénigne divinité du Canope.

Quelques particularités de la conformation des nègres.

Les nègres ont la peau infiniment plus ferme et plus épaisse que les blancs ; et soit qu'on veuille ou non regarder cette différence comme propre à caractériser les espèces, il n'en est pas moins réel que, malades ou en santé, les noirs en éprouvent des effets très-remarquables. Toutes les maladies de peau et celles où la suppuration est nécessaire, les font excessivement souffrir. Ils gardent souvent pendant plus d'une année les marques des coups de fouet, dont les suites pour un blanc se borneroient à des tumeurs séreuses, ouvertes, séchées et guéries en quelques semaines.

Ce qu'ils ont encore de remarquable, c'est le rouge éclatant de leurs fibres musculaires, et la force du pouvoir de contraction qui paroît résider dans leurs nerfs, et la blancheur, la dureté et le poids de leurs os. Ils jouissent en général de la meilleure vue, on ne rencontre parmi eux que très-peu de myopes et presque pas d'aveugles. Leurs dents sont blanches et fortes, ils en souffrent rarement, et les conservent jusqu'à un âge très-avancé. Les fourains, ainsi que les autres noirs de leur voisinage, ont grand soin de nettoyer leurs dents, en les frottant avec les petites branches filamenteuses de l'arbre nommé *schaw*.

Natron.

Le natron est fort en usage dans la médecine vétérinaire du Dar-four.

Les naturels du pays en mêlent toujours une grande quantité dans l'eau qu'ils font boire à leurs chameaux, chevaux, ânes, brebis, etc.; ils croyent cette méthode très-propre à aiguiser leur appétit, et par conséquent à les engraisser. Quelques chameaux refusent de boire cette eau imprégnée de natron, mais c'est le plus petit nombre, et même en général ils choisissent de préférence celle où on en a mêlé une plus forte dose. Quant à ceux qui s'y refusent, on leur fait prendre le natron pulvérisé, mêlé avec de la fleur de maïs, et divisé en boules qu'on les force d'avaler avant de leur donner leur boisson.

Pour les hommes, ils l'emploient pour les maux de tête, les fièvres continues et intermittentes, qu'amène ordinairement dans ce pays la saison des pluies. On prend à jeûn deux ou trois onces de natron crud, que l'on a fait dissoudre dans l'eau : employé de cette manière, il fait l'effet d'un purgatif très-violent, quelquefois d'un vomitif. Je ne crois pas que cette méthode puisse avoir d'inconvénient pour les tempéramens robustes et pléthoriques; mais, pour mon compte, je suis loin d'avoir eu à m'applaudir des essais que j'en ai faits.

Tamarin.

Le tamarin, *thummara Hindi* (1) est une des productions les plus utiles des pays que nous décrivons, et supplée à l'absence de plusieurs autres. Au défaut de limons et d'autres acides, on se sert de ce fruit pour en composer, en le mêlant avec de

---

(1) *Thummara Hindi* signifie simplement *fruit des Indes*, et non point *datte*, comme l'a insinué dans *les recherches sur l'Asie*, tome 4, page 250, le savant auteur des *Observations botaniques*.

autre femme doit être préféré ; il peut même l'eau, une boisson à-la-fois agréable et rafraîchissante. On le pile dans un mortier, puis on le fait sécher en forme de gâteaux, du poids de deux ou trois cents drachmes. De cette pâte ainsi préparée, on tire une décoction regardée en médecine comme un cathartique très-doux, et qu'on emploie aussi en qualité de diaphorétique. Les naturels du pays attribuent au tamarin une vertu puissante pour arrêter l'effet de certains poisons.

Allaitement des enfans.

En Egypte, comme l'observe Savary, toutes les mères, selon le précepte du Prophète, se chargent elles-mêmes d'allaiter leurs enfans, et cette coutume, dit-il, leur épargne un grand nombre d'incommodités. Il n'est pas douteux que depuis long-tems renfermé, le lait de la mère ne soit la meilleure nourriture que puisse recevoir l'enfant au moment de sa naissance, et la plus propre par son acidité à favoriser l'évacuation des matières fécales accumulées dans le corps de l'enfant avant le tems de sa naissance ; mais cet effet une fois produit, il se trouve des cas où le lait de toute se faire que dès le premier moment celui de la mère devienne pernicieux à l'enfant. Enfin, on est bien loin de regarder comme prouvé, que dans tous les cas ce soit le meilleur possible.

Personne n'ignore d'ailleurs que si la mère ne s'observe rigoureusement, et qu'il survienne une nouvelle grossesse, son lait ne peut plus être qu'absolument contraire à l'enfant. Il existe dans la langue arabe une dénomination particulière pour la femme *quæ lactans consuescit viro*, et cette dénomination est une injure.

Opium. (1).

On sait à quel excès les habitans de Constantinople portent l'usage qu'ils font de l'opium. Quelques-uns ont tellement diminué par l'habitude les effets de cette préparation si puissante, que deux drachmes d'opium, et même davantage, ne suffisent pas pour les plonger dans cette douce stupeur dont ils font leurs délices, ou pour exciter en eux la moindre gaîté. Ceux qui sont parvenus à ce degré, emploient comme stimulant, le sublimé corrosif, dont avec

---

(1) En arabe, *aphium*.

le secours de quelque véhicule, ils avalent, dit-on, jusqu'à dix grains.

Ce qu'on raconte des vertus de l'opium pour détruire l'effet des poisons minéraux, paroît presqu'incroyable et on n'oseroit pas le rapporter, s'il n'étoit appuyé sur le témoignage des autorités les plus respectables. C'est en considérant cette puissance extraordinaire, que j'ai été saisi d'une idée que je soumets au jugement de mes lecteurs. On nous assure que Mithridate, roi de Pont, s'étoit, à force d'antidotes, tellement prémuni contre toute sorte de poison, que lorsqu'impatient de terminer sa vie et ses malheurs il voulut employer ce dernier remède, ses différens essais pour y parvenir se trouvèrent absolument infructueux. Le Pont fournissoit alors, ainsi qu'à présent, le meilleur opium connu. Ne seroit-ce pas là le puissant antidote dont se servit Mithridate? Ne paroît-il pas vraisemblable que ses propriétés aient été découvertes, dans le pays qui le produit, avant de l'être dans aucun autre? On m'objectera peut-être qu'à cette époque on n'avoit pas encore découvert l'usage des poisons minéraux, et que l'on pouvoit posséder des antidotes pour le petit nombre de poisons végétaux dont on se servoit. Je répondrai que la question n'est pas de savoir quel antidote pourroit s'opposer à l'effet de tel ou tel poison, mais de décider quel corps étranger seroit capable de produire dans notre machine un changement assez absolu, pour le mettre en état de résister à tous les poisons.

Circoncision.

L'usage de la circoncision remonte jusqu'à une antiquité si reculée, que son origine échappe à toute espèce de recherche. Je crois cependant qu'avec plus de soins on auroit pu se procurer à cet égard des éclaircissemens d'une plus grande étendue. Quelques personnes ont cru cette opération nécessitée dans certaines contrées par un vice de conformation contraire à l'union des deux sexes, ou tendant à développer des causes morbifiques. Ceci peut avoir été vrai à l'égard de certains individus, mais il me paroît difficile de l'appliquer à des peuples entiers, et sur-tout aux habitans d'une vaste étendue de pays.

Les fourains ne m'ont semblé admettre la circoncision que comme une pratique religieuse faisant partie de la loi qu'ils professent, et rien ne prouve qu'ils en eussent adopté l'usage avant d'embrasser le mahométisme. On la retarde souvent sans la moindre difficulté, jusqu'à l'âge de dix-huit ans et plus encore, et l'on ne trouve point dans le pays de Four, comme en Egypte et dans les autres contrées mahométanes, des personnes adonnées particulièrement à l'art de circoncire.

Excision.

Les nations du Nord de l'Afrique ne connoissent guère la méthode de faire subir l'excision aux femmes. Cependant cette coutume ne paroissant fondée sur aucun précepte religieux, on seroit beaucoup plus porté à en rechercher l'origine dans quelque nécessité physique, que de celle qui soumet les mâles à la circoncision. Je n'avancerai point toutefois, comme preuve de mon opinion, le grand nombre des pays où est adoptée cette méthode; car il faudroit alors expliquer de la même manière la coutume d'une peuplade de nègres idolâtres, habitant les environs de Four, qui arrachent aux enfans, avant qu'ils aient atteint l'âge de puberté, deux ou même davantage des dents de devant;

et cette autre, d'une tribu voisine, de se limer les dents en pointe (1); celle enfin commune à plusieurs nations de se faire sur le visage une fente qui représente une seconde bouche; et mille autres pratiques en honneur parmi les sauvages, et toutes aussi extraordinaires, aussi peu susceptibles d'être présentées sous aucun point de vue d'utilité.

Excision se dit en arabe *chafadh*; et la personne chargée de l'opération a dans cette langue un titre particulier. L'excision consiste à couper un peu le clitoris avant l'époque de la puberté, ou vers l'âge de 8 à 9 ans (2).

(1) C'est ce qu'on peut remarquer sur beaucoup d'esclaves. Ils regardent cela comme une beauté. Ils ont soin de plus de repousser les gencives, afin que ces dents ainsi limées en paroissent plus longues. Cette opération les noircit, mais ne m'a pas semblé d'ailleurs les endommager en aucune manière.

(2) *Qui Africæ aut Asiæ plagis peragratis, primi hunc exsecandi morem occidentalibus narrare auctores, ab ore incolarum re acceptâ, et novitate ejus perculsi, de modo excisionis toto cœlo errare solent, nymphas exsecari perhibentes: prorsùs ineptè quidem, sed septâ pudicitiâ vitam agentibus, nunquam illis nudam vel è longinquo vidisse, multò minùs muliebria attrectavisse, uti manifestum, contigerat.*

Strabon a, le premier, parlé de cette coutume, qui est néanmoins très-ancienne (1) : et les termes dont il se sert marquent parfaitement la différence qui existe entre l'excision et la circoncision.

Les mahométans d'Egypte regardent cette pratique comme absolument indépendante de toute opinion religieuse. On assure que les chrétiens de l'Habbesch pensent à cet égard de la même manière. Il se trouve dans le Darfour, sur-tout parmi les arabes, beaucoup de femmes qui n'ont point subi l'opération de l'excision : le hasard cependant n'a pas fait que je rencontrasse ou que j'entendisse citer aucun exemple de ces prolongemens difformes, qui l'ont, dit-on, rendue nécessaire.

Dans une maison où je logeois se trouvoient treize ou quatorze jeunes filles qui subirent à-la-fois l'excision. L'opération fut faite par une femme ; quelques-unes en souffrirent beaucoup pendant et après. On leur défendit de marcher, mais il leur fût permis de manger de la viande. Une abondante suppuration les obligeoit, toutes les douze heures, à laver les parties affligées

(1) *Voyez* Strabon, livre 17.

avec de l'eau chaude. La plupart d'entr'elles purent marcher au bout de huit jours, et furent alors délivrées de toute espèce de contrainte. Trois ou quatre gardèrent la chambre jusqu'au treizième jour.

Souvent dans le Dar-four cette opération est accompagnée d'une autre qui n'est point en usage dans l'Egypte : elle a pour but de former dans le vagin un resserrement artificiel qui ne permet pas l'approche des hommes. Cela se pratique sur-tout à l'égard des femmes esclaves dont la valeur seroit diminuée, soit par une grossesse, soit par les suites nécessaires de la fréquentation des hommes, lors même qu'il n'y a point eu de conception. Les filles de condition libre sont aussi quelquefois soumises à cette opération. C'est le seul moyen que l'on connoisse pour contenir des penchans que ne pourroit arrêter une moins puissante barrière. L'opération dont je parle doit avoir lieu entre huit et seize ans ; on choisit pour l'ordinaire l'âge d'onze à douze, et celles à qui on la fait supporter ne sont pas toujours vierges. La conformation des individus se prête plus ou moins au dessein qui fait entreprendre cette opération. Il est des femmes en qui l'obstacle devient tellement insurmontable, qu'il ne peut être détruit que par le secours d'un instrument tranchant (1).

Les nègres de quelques tribus ont usage de se former avec des instrumens pointus, différens dessins sur la peau. Chaque piqûre laisse une marque ineffaçable et aussi distincte à la vue que si elle etoit tracée avec de la couleur. Cette coutume existe de même dans quelques îles de la mer du sud (2). Les noirs couvrent leur figure, leur poitrine, leurs reins, etc. de ce singulier ornement.

C'est dans la haute Egypte, avant d'arriver au Caire, que l'on mutile ceux des noirs que l'on destine à servir comme eunuques, soit dans cette ville, soit à Constantinople. Le soin de cette opération est confiée à des personnes dont les familles fixées dans le pays se sont exercées de père en fils à l'exécution d'une si ancienne pratique.

(1) *Quoties autem confibulatio fortior meatûs etiam urinarii aditum claudere minetur, plumâ vel osseâ quâdam tubulâ adhibitâ, illam in ore urethræ inserunt, ibidemque tenent, usque dum canalis majoris aditui amplius invigilare non sit opus.*

(2) C'est ce que les insulaires de la mer du sud appellent *tatouer*. (*Note du traducteur.*)

Le nombre de ceux que l'on y soumet n'est pas considérable, et il n'en meurt que peu.

Ceux qu'on réserve pour le service du roi de Four, subissent l'opération dans l'intérieur de son palais.

CHAPITRE XXII.

MON DÉPART DU CAIRE, VOYAGE A JÉRUSALEM.

Voyage sur le Nil jusqu'à Damiette. — Végétation. — Papyrus. — Commerce. — Cruauté de la domination des mamlouks. — Voyage à Yaffé. — Description de Yaffé. — Rama. — Jérusalem. — Mendians. — Tombeaux des rois. — Bethléem. — Agriculture. — Naplouse. — Samarie. — Mont Tabor.

Je quittai le Caire le vendredi 2 décembre 1796; j'avois arrêté un *canja* ou petit bateau avec lequel je descendis le Nil jusqu'à Damiette. Il n'arriva rien pendant cette route qui puisse mériter d'être rapporté. Je remarquerai seulement que nous vîmes en passant plusieurs villes considérables, entre autres Mansoura connue par la défaite de Saint-Louis, ainsi que l'indique son nom qui signifie *le champ de la victoire*. Placée entre le Caire et Damiette, Mansoura est l'endroit où s'arrêtent les voyageurs qui vont de l'une à l'autre de ces villes, et cette situation est pour elle d'un grand avantage. Elle obéissoit alors à un caschef envoyé par Ibrahim-Bey. Elle a sept mosquées. C'est-là le seul renseignement que je puisse fournir à l'égard de sa population, n'y étant demeuré que quelques heures.

Sur la même route, à-peu-près à moitié chemin entre le Caire et Damiette, se trouvent Sifté et Miet Ghrammer, villes du second ordre, très-peuplées, sur-tout de mahométans, car on n'y voit presque point de cophtes. Ces villes sont situées sur les deux rives opposées du Nil, dont le canal assez profond, mais resserré dans cet endroit, n'a pas plus de trois cents verges d'un bord à l'autre. On peut remarquer en tout, qu'excepté le tems de l'inondation, ce fleuve si fameux n'offre dans sa plus grande largeur qu'une étendue de neuf cents verges, c'est-à-dire, un peu plus d'un tiers de mille. Son lit se rétrécit quelquefois jusqu'à l'espace de cent verges, sa profondeur est de vingt-trois à vingt-quatre pieds.

Le canal du Nil depuis le Caire jusqu'à Damiette, ne forme presque aucun coude. Il est parsemé de quelques îles très-petites et en petit nombre.

Le Delta étoit gouverné en 1796, par

Mehallé-el-Kebir. Il renferme plusieurs villes, toutes, dit-on, aussi peuplées que Damiette, et dont après celle-ci, Semmenoud et Menouf sont, je crois, les principales.

Je ne puis donner à mes lecteurs une idée plus juste du Delta, qu'en leur représentant une vaste plaine coupée dans tous les sens d'une multitude de petits canaux. Celui de Menouf est presque le seul un peu considérable. Ces canaux et un grand nombre de pompes entretiennent par-tout la plus abondante fertilité. Quant aux grandes inondations occasionnées par la crue du Nil, elles n'embrassent guère en effet qu'un petit espace dans le voisinage de la mer.

J'arrivai à Damiette, le 5 décembre ; cette ville fameuse par son port, présente, du côté du midi, un aspect très-agréable. Elle offre à-peu-près la forme d'un croissant, bâti sur la pente douce de la rivière, et environné de terres cultivées qui s'étendent jusqu'à un grand lac qu'on appelle le lac de Menzalé. Damiette est située environ à six milles de la mer, dans un endroit où le Nil est fermé par une barre qui force les vaisseaux à faire descendre une partie de leur cargaison dans de petits bateaux, et à ne prendre tout leur chargement que lorsqu'ils ont passé la barre.

Le sol de Damiette, dont presqu'aucun autre ne peut se vanter d'égaler la fertilité, offre sur-tout en profusion l'oranger, le citronnier, et toute cette superbe végétation des pays orientaux, si propre à frapper d'étonnement le voyageur qui vient de quitter l'hiver en Angleterre. J'éprouvai une bien agréable sensation lorsque, pour la première fois, j'aperçus les pointes vertes de de ce papyrus si vanté, perçant à travers le limon des fossés qui m'environnoient (1).

Cette plante croissoit autrefois avec une telle abondance dans les environs de Damiette, qu'un usage profane, s'il est permis de m'exprimer ainsi, l'employoit à des nattes qu'on transportoit en différens endroits de la basse Egypte. Mais graces au Gouvernement des mamlouks, qui dans leur ignorance sacrée, dans leur profonde indolence, dégradent à plaisir le riche domaine dont ils se regardent seulement comme les

(1) *El-Berdi* est le nom qu'on donne au papyrus dans les environs de Damiette; on le nomme aussi *el-babir*, ce qui dérive incontestablement du mot en usage parmi nous.

ténanciers ; le Nil qui devroit poursuivre son cours jusqu'à Damiette, a suivi depuis quelques années la route plus directe que lui ouvroit le canal de Menouf, et son lit qu'il abandonne, est maintenant rempli de l'eau de la mer : ainsi privées non-seulement du suc nourricier que leur portoient les eaux du Nil, mais étouffées sous une pernicieuse abondance d'eau salée, les plantes de papyrus, et plusieurs autres de différente espèce ont été presqu'entièrement détruites. J'ai su d'un européen qui habitoit le pays depuis près de quarante ans, que le papyrus s'élevoit d'ordinaire à la hauteur de huit à neuf pieds, quelquefois davantage; que sa tige, au moins d'un pouce de diamètre, étoit assez forte pour que cet européen et son fils l'employassent comme bâtons de voyage.

On trouve dans les jardins de Damiette quelques mûriers et quelques bananiers; la verrucaire y croît en quantité, et la scammonée y est assez commune. Depuis Damiette jusqu'à l'extrémité septentrionale de la côte, la rive orientale du Nil ne présente que de petites collines de sable, qu'on ne peut guère parcourir sans être obligé d'écarter les roseaux, qui presque par-tout obstruent le passage.

Le terroir de la basse Egypte fournit les plus abondantes récoltes de luzerne.

Damiette est l'entrepôt de toutes les marchandises qui passent d'Egypte en Syrie et de Syrie en Egypte, ainsi que le marché où viennent refluer toutes les productions du Delta, ce qui rend son commerce très-avantageux. Ce commerce consiste sur-tout en riz et en lin, que la Syrie change contre du coton manufacturé à Damiette même, ainsi qu'en d'autres endroits de l'Egypte. On n'y reçoit presque rien de l'Europe, si ce n'est de petits envois de cochenille ou autres denrées, qui sont apportés par quelques vaisseaux vénitiens ou ragusains. Il y avoit autrefois à Damiette plusieurs marchands français, que leur mauvaise conduite à l'égard des femmes en a fait bannir absolument.

On ne retrouve presque rien de l'ancien édifice circulaire nommé la tour de Saint-Louis, qui existoit à Damiette du tems de Niebhur, et qu'on y a vu même encore dernièrement. Il n'en reste plus qu'un pan de muraille bâtie sur le bord extérieur du fossé. Elle est faite de brique et d'un mortier aussi dur que la brique même. Les matériaux de la tour ont été employés par Mahomet-Bey-Aboudhahab à la construction du fort, que dans l'effroi que lui inspiroient les russes, il fit ériger à grands frais sur la côte. Mais trop peu habile pour choisir un terrain solide, situé plus près de l'embouchure de la rivière, il plaça son fort sur le sable et la vase qui composent la pointe de terre qu'on voit s'avancer hors de la côte orientale. La force des fondemens a soutenu quelques parties de l'édifice, mais le reste est tombé, et ce qui se trouve encore debout, est, ou englouti ou environné d'eau.

On voit à l'orient de la ville deux élévations formées par des ruines, dont l'une plus au nord, offre encore un reste de mur de brique, remarquable par sa solidité. Ce mur appartenoit, dit-on, à un ancien château. De dessus cette hauteur on aperçoit le champ de bataille, où, après un combat entre les chrétiens et les sarrasins, St.-Louis, au dire des arabes, tomba entre les mains de ces derniers. Ce lieu s'appelle *le Champ de sang*, parce que, selon la tradition, le choc fut si long et si terrible, que la terre et l'eau en demeurèrent imprégnées de sang pendant un espace de tems considérable.

Damiette n'offre plus rien qui vaille la peine d'être remarqué, si ce n'est deux mosquées, dont l'une qui est très-riche, et vient d'une fondation du même genre que le *Jama-el-Azher*, nourrit, dit-on, cinq à six cents pauvres, pour la plupart aveugles ou paralitiques. L'autre mosquée est très-fameuse et très-ancienne. Elle fut bâtie, à ce qu'on prétend, sur les ruines d'une église chrétienne. On assure même qu'une partie du premier bâtiment subsiste encore sous l'édifice qui l'a remplacé; mais celui-ci est abandonné et tombe de tous côtés. On a muré la porte qui conduit aux parties souterraines, il me fut donc impossible de les visiter. La mosquée est très-spacieuse et renferme un grand nombre de colonnes de marbre; mais à l'exception d'une seule de porphyre, et d'une autre de granit rouge, elles sont toutes de marbre commun, soit bleu et blanc, soit jaune et blanc. Une de ces dernières passe pour avoir la propriété de guérir la jaunisse. Les gens du peuple viennent la racler, et mêlent dans leur boisson la poudre qu'ils en retirent ; ce qui fait que, grace à l'étendue de sa réputation, la colonne est considérablement entamée. Il existoit, m'a-t-on dit, dans la mosquée une autre colonne de très-beau porphyre ; mais un mokaddem du Bey, employé à Damiette en qualité de collecteur de ses revenus, l'en a dernièrement retirée, pour la faire servir à un tombeau qu'il veut s'élever. Damiette renferme, dit-on, quatorze mosquées, ce qui peut faire juger de sa population. Il n'y a point de caravansérai, mais un couvent grec où on loge les étrangers.

Le lac Menzalé a un peu plus de trente milles de longueur. Il est couvert de petits navires qu'on emploie soit à la pêche, soit à passer dans les îles dont il est parsemé. Cette pêche consiste sur-tout en *bouri*, qui est une espèce de mulet. On le transporte à Damiette, d'où ensuite on l'envoie sec et salé, dans la basse Egypte, dans la Syrie, et jusqu'à l'île de Chypre. Ce mêts aussi malsain qu'il est insipide, sert beaucoup cependant à la nourriture du petit peuple. Les chrétiens sur-tout en font une grande consommation. Pendant les jeûnes, qui se multiplient à l'infini, les îles désertes répandues sur le lac, sont remplies, en automne et en hiver, d'oiseaux aquatiques, qu'on prend dans des filets, et que le peuple achète pour sa nourriture, dans les marchés où on les expose en vente. L'eau du lac est saumache, mais pas extrêmement salée. On retrouve sur ses bords quelques ruines de l'ancienne ville de Tanis, à l'endroit où il reçoit celui des bras du Nil qui se trouve le plus vers l'orient : je n'ai pas eu d'occasion de les visiter.

Quant au caractère de la nation, tel qu'il peut être sous le Gouvernement des mamlouks, une aventure récemment arrivée en pourra donner quelque idée. Un caschef d'un ordre inférieur, disgracié par Mourad-Bey dont il dépendoit, s'étoit retiré à Damiette pour se mettre à l'abri de la colère de son maître ; mais ayant bientôt reçu des nouvelles favorables, et voulant s'en retourner, il fit chercher quelqu'un qui pût lui changer, disoit-il, en monnoie de Turquie, une certaine quantité de monnoie d'Europe ayant cours dans le pays. Trois juifs se présentèrent, promirent de faire ce qu'il desiroit ; et en effet, au bout de quelque tems, soit avec ce qu'ils avoient rassemblé de leurs fonds, soit avec ce qu'ils avoient emprunté dans la ville, ils fournirent au caschef la somme de cinq à six mille piastres. Aussitôt que celui-ci eut l'argent, il fit assassiner les trois juifs, et ordonna que leurs corps fussent enfermés dans des paniers et chargés sur un petit bateau qu'il emmenoit à sa suite; puis il partit pour le Caire. Après avoir remonté le Nil pendant quelque tems, il s'arrêta dans un petit village, où il fit déposer les paniers, en recommandant qu'ils fussent soigneusement gardés jusqu'à ce qu'il en eût autrement ordonné. Soit oubli de la part des habitans de ce village, soit qu'on n'osât ouvrir les paniers en l'absence du propriétaire, ils restèrent quelque tems dans le même état; mais enfin quelqu'un ayant remarqué que l'un des trois paroissoit taché de sang, les soupçons s'éveillèrent, et on ouvrit les paniers. Le bruit parvint bientôt à Damiette de l'état dans lequel on avoit trouvé les cadavres des trois juifs. Les magistrats auxquels appartient la connoissance de pareilles affaires, firent leur rapport, qui fut mis sous les yeux de Mourad-Bey. Celui-ci, lorsqu'on le lui présenta, répondit par un éclat de rire, en disant : « Qu'est-ce que c'étoit ? trois chiens ; c'est toujours autant de moins ! »

Il ne me reste plus rien à ajouter sur Damiette, si ce n'est qu'on y fabrique beaucoup d'étoffes de coton et des toiles propres à servir aux bains et à différens usages domestiques.

Le 19 janvier 1797, je m'embarquai à bord d'un petit vaisseau marchand, commandé par un arabe qui alloit trafiquer sur les côtes de Syrie. Un tems très-orageux et le peu d'habileté des matelots nous firent courir d'assez grands dangers pendant le voyage. Un vaisseau qui faisoit route avec nous, coula à fond la même nuit, et nous fûmes obligés de jeter à la mer une partie de la cargaison du nôtre : cette cargaison consistoit en riz et en cuirs non préparés.

Nous arrivâmes à Yaffé après une navigation de cinq jours. La montagne de Ghara est la première portion de terre qu'on aperçoive en cet endroit.

On remarque à Yaffé un quai, chose très-rare dans les villes du Levant. La ville est bâtie sur un terrain tellement inégal, que les rues y sont toutes en escaliers. L'air de Yaffé passoit autrefois pour assez malsain. Cet inconvénient n'existe plus depuis qu'on a desséché les marais qui l'avoisinent; mais d'un autre côté l'on ne retrouve plus rien des immenses bosquets d'orangers et de citronniers qui ornoient les environs, avant les entreprises que formèrent sur la ville Ali-Bey et son successeur Mahomet-Aboudhahab. Pendant le dernier de ces sièges, les mamlouks coupoient les orangers pour en faire du feu. Le Gouvernement actuel de Yaffé est très-modéré. Le nombre des habitans monte à six ou sept mille ames, et s'accroît tous les jours. La ville est entourée de murs; elle a trois portes, deux grandes et une petite; mais l'une des premières ne s'ouvre jamais. Yaffé est dominée au nord par une hauteur sur laquelle Ali-Bey avoit placé son camp à une portée de fusil de distance. Quoique Yaffé soit bâtie dans le voisinage d'une petite rivière, l'eau y est assez rare, les femmes étant obligées de l'aller chercher elles-mêmes. Un des derniers gouverneurs avoit formé le projet de remédier à cet inconvénient; mais avant qu'il eût pu l'exécuter, il fut étranglé par les ordres de Jezzar, pacha de Damas.

Les vaisseaux n'arrivent pas jusques au

quai ; il n'y a point de port, ni même d'endroit où l'on puisse les amarrer sans danger. La ville est très-peu commerçante, n'ayant de relations qu'avec l'Egypte, et un petit nombre de pélerins qui passent pour aller à Jérusalem. Le gouverneur de Yaffé est un délégué de la Porte.

On y voit trois petits couvents, l'un de moines arméniens, l'autre de chrétiens suivant le rite grec, le troisième de catholiques romains. On y rencontre aussi quelques juifs. Lorsqu'en 1790, Jezzar, pacha, eut chassé les français de son Gouvernement, la plupart se retirèrent à Yaffé, où leur consul étoit mort dans l'hiver qui précéda mon arrivée.

Les maisons de Yaffé sont bien bâties en pierres. Les rivages voisins fournissent une grande quantité de corail.

Je louai deux mules, l'une pour moi, l'autre pour un domestique cypriote dont je me fis accompagner, et nous nous mîmes en route pour Rama, qui est située à trois heures de chemin de Yaffé. Mais il fallut qu'avant de quitter cette dernière ville, j'obtinsse de l'agent d'un des couvents la permission d'aller à Jérusalem ; sans cette précaution, j'aurois couru le risque d'être inquiété par les arabes.

On trouve à Rama un couvent de franciscains. Leur maison est commode, spacieuse, bien bâtie et bien entretenue. La ville de Rama est très-agréablement située et sur un sol très-fertile. J'ai vu dans les environs quelques bosquets de vieux oliviers.

En allant de Yaffé à Rama, on peut sans quitter la route, compter sept villages peu éloignés les uns des autres.

Nous quittâmes Rama le lendemain de bonne heure, et environ au soleil couchant nous nous trouvâmes à l'entrée de Jérusalem. L'intervalle qui sépare Jérusalem de Rama ne présente qu'un terrain raboteux, montueux et stérile. Quelques arabes ayant trouvé mon domestique qui s'étoit amusé derrière moi, à quelque distance, ils lui prirent sa mule et le volèrent.

L'aspect de Jérusalem ne remplit pas, je l'avoue, au premier abord, les idées que je m'en étois faites. C'est du haut d'une colline située à trois milles de ses murs, que j'aperçus pour la première fois cette cité fameuse. Je la vis placée sur une éminence, mais entourée d'autres villes dont la hauteur surpassoit la sienne. Ses murs presque entiers et bâtis d'une pierre rougeâtre, frappèrent sur-tout mes regards. Il faisoit très-froid; la neige commençoit à tomber, tout contribuoit à troubler la satisfaction que devoit m'inspirer une semblable vue.

Je ne m'arrêterai point à des détails répétés sans mesure dans une infinité de voyages. Je vais seulement, selon qu'elles s'offriront à ma pensée, retracer quelques-unes des observations que j'ai pu faire sur différens objets.

Jérusalem est inondée d'une foule de mendians qu'attirent en ce lieu les espérances qu'ils ont fondées sur la piété des pélerins. Les religieux de la Terre sainte conservent toujours une grande considéraion, et le commerce le plus en vigueur est celui des reliques, des crucifix ornés de nâcre de perle, des chapelets et autres objets du même genre, que l'on travaille dans la ville. Cependant l'église du Saint-Sépulcre est dans un tel état de délabrement, que la neige tombe dans le milieu. Les poutres que l'on m'a dit être de bois de cèdre, sont prêtes à se briser, et le comble menace de s'écrouler.

Le couvent des arméniens est agréablement bâti, et si vaste qu'il peut contenir jusqu'à mille pélerins.

On voit dans le couvent des catholiques une grande citerne souterraine, où vont se rendre toutes les eaux de neige qui découlent soit des toits, soit d'ailleurs; et cette provision suffit aux moines pour une grande partie de l'année. Dans le tems que j'y étois, la neige s'amassa sur la terre à une hauteur assez considérable, et y demeura l'espace de douze ou treize jours.

C'est de la montagne des Oliviers qu'on découvre le mieux Jérusalem. Cette montagne est située à l'est de la ville, et précisément en face de la grande mosquée, où, disent les mahométans, repose le corps de Salomon. Lorsque le jour est serein, on peut du même endroit apercevoir, au sud-est, la mer, qui se fait distinguer par un reflux blanchâtre. Le terrain qui la borde m'a paru extrêmement rocailleux.

L'édifice qu'on appelle le tombeau des rois, est un ouvrage curieux. C'est un morceau d'architecture grecque, travaillé dans un rocher très-dur. Les sarcophages sont ornés de sculpture en feuillages et en fleurs. Chaque chambre est fermée d'une porte de pierre massive travaillée en panneaux. L'espoir de trouver des trésors dans cet endroit, y a fait commettre beaucoup de dégats. Il est à croire que ces tombeaux ont été construits du tems d'Hérode et des princes ses successeurs.

Les habitans de Jérusalem sont chrétiens en général, et mêlés seulement d'un petit nombre de mahométans. Il existe entre les sectateurs de ces deux cultes, cette fureur jalouse dont on ne peut trouver d'exemple que dans les partisans des deux religions qui se prétendent également émanées de la divinité.

Bethléem est situé à deux heures de chemin ou six milles de Jérusalem. La bonté du terroir, la pureté de l'air et la beauté des sources qui l'environnent, contribuent également à l'avantage de sa position. L'eau y est amenée par un aqueduc peu élevé, qui passoit autrefois à Jérusalem. On y trouve de plus trois citernes, dont l'une est encore très-bien conservée, et qui sont destinées à recevoir successivement les eaux d'une fontaine très-abondante, nommée Fontaine du Signe. Fort près des citernes on rencontre un ruisseau charmant, désigné dans le pays, sous le nom de Délices de Salomon. Il coule en murmurant le long de la vallée, et arrose plusieurs jardins fertiles. Ses bords sont embellis de différentes espèces de plantes ; et l'olivier, le figuier, la vigne prospèrent dans les environs. Seulement le nombre des oliviers y diminue tous les jours. Les habitans en ont fait les victimes de leurs haines et de leurs basses vengeances. L'ennemi va pendant la nuit couper les oliviers de son ennemi ; et comme la croissance de ces arbres est extrêmement lente, on les remplace rarement. Telle est, dans le berceau du christianisme, la charité fraternelle des chrétiens. Le couvent de Bethléem présente un aspect plus doux : on y voit réunis les sectateurs de Rome, ceux de l'église grecque, et les partisans du rite arménien.

De l'autre côté de Jérusalem, en tournant ses pas vers le Désert, on trouve dans un pays romantique le couvent de Saint-Jean, situé au milieu des vignes et des oliviers. Le village de Saint-Jean, et le district dont il fait partie, ne sont guère peuplés que de mahométans.

La méthode dont on se sert dans ce pays pour cultiver les terres, m'a paru mériter une attention particulière. Comme le terrain présente à chaque pas des inégalités presque toutes coupées à pic, on forme des terrasses soutenues par des murs assez bas, qui empêchent l'éboulement. On y fait passer de petites charrues tirées par des bœufs, et il faut à celui qui conduit l'attelage, beaucoup d'adresse pour faire tourner la charrue, sans endommager les murs. Contenu de cette manière, le terrain des environs de Jérusalem devient très-propre à la culture. Le bétail y est en général noir, et de petite race. On y trouve peu de chevaux; et les ânes qui y ressemblent absolument à ceux d'Europe, n'y servent guère que pour voyager.

Jérusalem renferme maintenant de dix-huit à vingt mille ames. Elle est sous le gouvernement d'un aga choisi par le pacha de Damas, mais à qui l'on donne si peu de troupes que les arabes sont beaucoup plus maîtres que lui dans la Palestine. Les femmes chrétiennes, dont Jérusalem est remplie, se couvrent de voiles blancs, pour se distinguer des mahométanes qui les portent de différentes couleurs. Les grecs et les arméniens sont les seuls qui n'y aient pas adopté la langue arabe.

Je quittai Jérusalem dans les premiers jours du ramadan ; c'étoit le 2 mars 1797 : l'hiver avoit été excessivement rigoureux, mais le printems commençoit à paroître. Après trois heures de route nous arrivâmes à Beruth, où nous passâmes la nuit, et le lendemain, vers les trois heures après-midi, nous atteignîmes Naplouse. Naplouse est la capitale du district de Samarie ; elle est très-peuplée et située d'une manière pittoresque entre deux collines, sur l'une desquelles est bâti le château. Le terroir qui l'environne, quoiqu'assez montueux, est en général fertile en vins, et produit aussi des mûriers. Naplouse entretient un commerce considérable avec la ville de Damas et toutes celles de la côte. Elle renferme plusieurs mosquées. On y trouve un grand nombre de juifs suivant les dogmes samaritains ; mais les chrétiens n'y ont point d'établissemens, et sont très-maltraités par les gens du pays. Le pacha de Damas a dans Naplouse un de ses délégués, mais la ville est effectivement gouvernée par les principaux habitans.

En allant de Naplouse à Nazareth, la première partie de la route est montueuse et parsemée de rochers : je n'y aperçus en trois heures de marche que trois villages ; mais en revanche les vallées sont remplies de vignes, de figuiers et d'oliviers, les rochers même y sont ombragés d'arbres de différente espèce. Lorsqu'on a passé les montagnes de Naplouse (*Ebal* et *Geririm*), on découvre une plaine d'une vaste étendue, et de la meilleure espèce de terre, mais qui après les pluies se trouve presqu'absolument inondée. Elle est bornée au nord par une petite forteresse contre laquelle, malgré le secours de plusieurs pièces d'artillerie, vint échouer Jezzar, pacha, à la tête de quatre ou cinq mille hommes. Cette forteresse a deux portes, et sept ou huit petites tours. Les paysans du district de Samarie sont en général courageux et guerriers. Ils ne marchent guère que bien armés.

Sebasté ou Samarie n'est plus qu'un village misérable et désert. Entre Naplouse et Nazareth on trouve Gina, assez jolie petite ville. Nazareth est un village agréablement situé sur une pente très-douce. On y voit un couvent tenu en très-bon ordre. Les habitans de Nazareth sont, pour la plupart, chrétiens. Tandis que j'y étois, ceux de Samarie vinrent y faire une irruption dans laquelle ils emmenèrent quelque bétail. Les nazaréens s'armèrent à leur tour, et par représailles leur enlevèrent dix-sept bœufs. Près de Nazareth est le mont Tabor, si connu par l'absurdité de la doctrine à laquelle il a donné son nom dans les querelles théologiques qui ont si long-tems partagé l'Empire grec. Du haut de cette montagne on jouit de la plus belle vue.

CHAPITRE XXIII.

GALILÉE, ACRE.

Etablissemens avantageux entrepris par Jezzar.—Commerce.—Impôts.—Cap Blanc et rivière de Léonte.—Tyr. — Seïde. — Tremblement de terre. — Kesrawan. — Vins de Syrie. — Beirout. — Mouillage des vaisseaux. — Denrées. — Rivière Adonis. — Antoura. — Harrîsé. — Tripoli. — Latakie. — Voyage à Alep.

Une chaîne de collines sépare la Galilée du district de Samarie. Je mis six heures à me rendre de Nazareth à la ville d'Acre, nommée par les arabes Acca. Je trouvai dans un village que je traversai, un ancien sarcophage qui sert maintenant d'auge pour faire boire les bestiaux. J'y vis aussi quelques débris de colonnes. On rencontre peu de villages de Nazareth jusqu'à Acre. Le pays que j'ai traversé m'a cependant paru très-fertile.

La ville d'Acre a pour toute fortification un mur d'assez peu de résistance. On n'y entre que par une seule porte. La ville est assez vaste, mais contient un grand nombre

de maisons inhabitées. Sa population s'élève
bien cependant à quinze ou vingt mille ames.
On retrouve le long des remparts les restes
d'un ancien fossé qui les environnoit entièrement : mais on le dégrade chaque jour
pour employer les matériaux à de nouvelles
constructions. On n'y voit ni château, ni
aucun autre vestige d'antiquité.

L'aspect de la ville est totalement changé
depuis que le célèbre Achmet (1), pacha, l'a
non-seulement agrandie, mais embellie d'une
jolie mosquée, et qu'il y a fait construire des
bains, deux marchés, un palais et des réservoirs. On y voit trois khans, ou édifices
destinés à recevoir les marchandises. Ils
servent à-la-fois de magasin et d'hôtellerie.
On y voit aussi cinq ou six mosquées, un petit
couvent de franciscains, une église grecque,
et une autre où se pratique le rit arménien.
Les européens sont logés dans un des khans.

On montre sur le bord de la mer, à quelque distance de l'extrémité septentrionale
de la ville, un tombeau très-simple et érigé
par le pacha, à la mémoire du fameux scheik
Daher.

La ville d'Acre est bâtie sur un promon-

(1) C'est le même que Jezzar.

toire auprès d'un petit golfe. Il n'y a point de port; dans le beau tems les vaisseaux peuvent jeter l'ancre près du rivage. Les bâtimens venant d'Europe s'arrêtent vis-à-vis d'Haïfo au pied du mont Carmel; la mer est ordinairement très-douce en cet endroit. Acre est une ville très-commerçante : elle tire d'Europe des draps larges, du plomb, de l'étain, et plusieurs autres objets : elle y envoie en retour du coton de Syrie. Le terroir de l'Egypte est moins propre à cette espèce de production, et les envois de cette contrée consistent particulièrement en une grande abondance de riz.

On peut facilement imaginer quelle prospérité auroit signalé le Gouvernement d'Achmet, pacha *el Jezzar* (1), si durant de longues années d'un pouvoir sans bornes, et soutenu par d'abondantes richesses, il eût voulu s'unir d'intérêt avec les peuples soumis à sa domination. Mais loin de là, négligeant l'agriculture, il a laissé croupir des marais dans la plaine étendue qui avoisine la ville d'Acre, qu'il a remplie des monumens d'une magnificence stérile. Sa conduite forme un contraste frappant avec

(1) Le boucher.

celle de son prédécesseur, le scheik Daher, dont les soins ont doublé la population du district d'Acre, et créé, pour ainsi dire, cette ville dans le lieu où n'existoit avant lui qu'un simple village.

De tous les gouverneurs envoyés par l'Empire ottoman, Jezzar, le premier a mis des impôts sur les objets de consommation, tels que le vin, les grains, etc. Il y a même soumis la viande et le poisson. Il a bâti des greniers, établissement louable en soi, mais rendu pernicieux par des vices d'exécution, qui font que le grain se conserve mal; en sorte que celui qui s'y trouve depuis long-tems, et qu'on distribue de préférence, soit pour la nourriture, soit pour les semailles, est non-seulement désagréable au goût, mais peu propre à la reproduction. Les nouveaux impôts forment le revenu particulier du pacha. Il lui reste pour employer à d'autres usages, l'impôt territorial anciennement établi, qui est d'environ un vingtième du produit, la capitation imposée sur les chrétiens et les douanes. Ce qui peut se percevoir d'ailleurs est absolument à la volonté du gouverneur, qui ne suit à cet égard, ni les règlemens établis par la Porte, ni même les traités conclus avec les européens. Mais la principale source des richesses de Jezzar, est le pachalik de Damas, qu'au moyen des largesses accoutumées, il a trouvé le secret de faire ajouter à son premier Gouvernement, ce qui avant lui n'est jamais arrivé dans aucune partie de l'Empire. On a fait monter pendant quelque tems à douze mille hommes le nombre de ses troupes; mais du tems de mon voyage à Acre, elles ne s'élevoient guère à plus de quatre à cinq mille.

Jusqu'en l'année 1791, les français ont eu des comptoirs à Acre, à Seïde et à Beirout; mais, à cette époque, un ordre soudain les a expulsés de tous les pays soumis à la domination de Jezzar, avec injonction sous peine de mort, de quitter en trois jours leurs domiciles respectifs.

On aura peut-être la curiosité de rechercher comment les français avoient pu mériter d'être si ignominieusement chassés. Il est certain qu'en admettant même cette maxime bien juste et bien connue, que dans un démêlé de cette nature il est fort rare qu'aucun des deux partis soit absolument exempt de torts, on ne peut concevoir comment une expulsion pure et simple, signifiée d'une autre manière, n'eût pas rempli parfaitement le même objet.

Tout ce qu'on peut dire à cet égard, c'est que le caractère distinctif de Jezzar est l'emportement et même l'inconséquence. De l'amitié la moins fondée, il passe tout-à-coup avec une égale violence à la haine la plus inconcevable. Quant à la conduite des français, ils sont en telle mésintelligence avec les autres nations qui commercent dans le Levant, que je n'ai pu me procurer sur leur compte aucun renseignement capable de fixer mon jugement. Ce qui semble avoir suscité dans l'origine l'affaire dont nous venons de parler, c'est qu'un interprète français ayant déplu au pacha, celui-ci le fit pendre sans aucune forme de procès. Les français élevèrent la voix, ils menacèrent de se plaindre à la Porte, ce qui ne faisoit pas grand'peur au pacha. Les français soutenoient un droit réel fondé sur les traités conclus entr'eux et la Porte : et ce fut de la manière que Jezzar répondit à ce qu'il appelloit *leur insolence*. Les ministres de la République française auprès de la Porte ottomane, firent entendre plusieurs réclamations qui demeurèrent sans effet.

D'autres intérêts absorboient alors toute l'attention de la cour, mais il est permis de douter que, même sans cette raison, on eût obtenu la punition du pacha. Les évènemens avoient forcé d'interrompre la poursuite de cette affaire, et celle des indemnités que paroissoient avoir à répéter les marchands français, à qui la précipitation de leur départ avoit nécessairement occasionné des pertes considérables, jusqu'à ce qu'enfin l'ambassadeur Aubert - Dubayet envoyât demander réparation par un jeune officier nommé Bailli, qui s'acquitta peut-être de sa commission avec trop de hauteur.

Ce jeune homme, en arrivant à Acre au mois d'avril 1797, écrivit au pacha une lettre en français, et ne souffrit point qu'elle fût traduite d'avance. Il chercha un interprète qui voulût se charger de l'expliquer au pacha lui-même; mais il paroît que le contenu de la lettre étoit tel, qu'aucun ne consentit à courir les risques de la présenter, et que tantôt sous un prétexte, tantôt sous un autre, Jezzar se refusa toujours à voir Bailli. Celui-ci se retira à Yaffé. Jezzar répondit enfin, qu'il n'empêchoit point les marchands français de s'établir désormais dans son Gouvernement comme particuliers, et sur le même pied que ceux des autres pays, mais qu'il ne vouloit point reconnoître de consuls, et ne consentiroit jamais à indemniser l'ancien comptoir des pertes qu'il avoit pu éprouver.

Depuis long-tems Jezzar étoit prévenu contre les français, et cette aversion avoit été probablement augmentée par les soins de ceux qui étoient jaloux du commerce que faisoit cette nation.

Je quittai Acre le 2 avril, pour me rendre à Seïde, à travers un chemin pratiqué le long de la mer et embarrassé de ronces et d'épines. Le rivage que je côtoyai est coupé à pic, et par une suite naturelle l'eau est très-profonde en cet endroit. On y rencontre quelques débris d'antiquités; mais ils sont si dispersés, et tellement défigurés, qu'il est impossible de deviner quel a pu être l'usage des monumens dont ils faisoient partie. On ne trouve entre Acre et Seïde qu'un très-petit nombre de villages, encore paroissent-ils assez mal peuplés. Nous rencontrâmes plusieurs corps de troupes du pacha. L'infanterie et la cavalerie nous semblèrent également bien tenues. Je m'arrêtai dans un petit village situé au midi du cap Blanc, et je passai la nuit dans la maison du shech.

Le lendemain matin, nous passâmes au bas du cap Blanc. Ce cap est formé par une montagne très-haute et de l'aspect le plus pittoresque. Le chemin y est taillé en quelques endroits dans un rocher de pierres calcaires aussi blanches que la chaux. A droite du chemin s'élève le rocher couvert de broussailles, à gauche est un précipice et la mer au fond. Elle étoit calme au moment où je passai, mais de cette place le spectacle d'un orage doit être terrible. D'après une ancienne tradition, les naturels du pays attribuent la construction de ce chemin à Alexandre-le-Grand.

Nous traversâmes le Léonte, ce fleuve qui, à l'époque où nous le vîmes, n'offroit qu'un courant très-peu considérable, et guéable en beaucoup d'endroits, se gonfle tellement après les pluies qu'il devient un torrent rapide. Il en est de même de presque tous les fleuves qui descendent des montagnes de Syrie. Nous traversâmes quatre ruisseaux dont l'eau claire coule sur un fond de sable pur; nous rencontrâmes aussi les lits de quelques autres, alors desséchés, et nous atteignîmes la ville de Tyr, enchantés de la beauté, de la verdure et de la variété des aspects que présente la contrée à travers laquelle on y arrive.

Le nom de Tyr s'est changé par corruption en celui de Sour, et cette ville si célèbre autrefois pour sa magnificence, n'offre plus rien que les misérables cabanes de quelques pêcheurs retirés à l'extrémité de l'île, ou plutôt de la péninsule. L'isthme qui la joint au continent, a en longueur environ les trois quarts d'un mille d'Angleterre. La forme de l'île est irrégulière, et dans sa plus grande largeur elle n'excède pas un demi-mille. L'ancienne ville de Tyr ne pouvoit avoir plus d'un mille et demi de circonférence. On n'en rencontre d'autre vestige que trois fragmens de colonnes de granit. Le terrain de l'île est tellement pierreux qu'on n'y trouve pas un arbrisseau, pas la moindre espèce de verdure. Je crois que le port situé du côté septentrional de l'isthme pourroit être reparé quoiqu'il manque d'eau. Les pêcheurs et le petit nombre de paysans qui fréquentent cette île se doutent peu de toutes les idées attachées à la terre qu'ils foulent habituellement.

On voit au midi, dans la partie de l'isthme qui touche au continent, les restes d'un aqueduc qui conduisoit l'eau dans la ville de Tyr. On remarque sous ses arches peu élevées, une grande quantité de stalactites d'une grosseur considérable. On y trouve aussi une citerne à peu-près semblable, pour la forme, à celle de la fontaine du Signe, dont nous avons parlé plus haut, mais plus petite. L'eau qui sert à la remplir jaillit avec une telle force, qu'elle fait tourner un moulin à très-peu de distance de sa source. Il croît sur ses bords quelques arbres fruitiers; on y voit aussi un endroit où l'on vend du café.

Une plaine étroite qui s'étend le long de la mer, conduit du cap Blanc à Seïde; autrefois Sidon. On aperçoit au nord-est-quart d'est les montagnes de Kesrawan, dont le sommet est couvert de neige. Nous arrivâmes à Seïde au soleil couchant.

La ville de Seïde est plus grande que la ville d'Acre; elle est bien située et en bon air; on y rencontre un grand nombre de chrétiens et quelques juifs. La mer en cet endroit gagne continuellement sur les terres.

Le château bâti par le fameux Fakr-el-dîn, est absolument entouré d'eau. Il y avoit autrefois à Seïde un port assez petit, mais commode, formé par une chaîne de rochers; Fakr-el-dîn l'a fait combler pour fermer tout abord aux vaisseaux des turcs, avec lesquels il étoit alors en guerre. On voit encore en son entier le château, dit de St. Louis, situé au midi de Seïde, qu'il commande du haut d'une éminence sur laquelle il est bâti. On retrouve aussi une partie des murs de la ville; ils n'ont qu'une seule porte, s'ouvrant au nord-est. Le magnifique palais, élevé par Fakr-el-dîn, à la manière italienne, tombe aujourd'hui tout-à-fait en ruines.

On a ressenti à Seïde des secousses du tremblement de terre qui en 1796, a détruit Latakie(1); mais il n'y a pas été, à beaucoup près, aussi violent que celui de 1785. Ce dernier avoit fait périr beaucoup de monde, et avoit été suivi d'une peste qui avoit presqu'entièrement dépeuplé la ville.

On trouve au nord de Seïde, un reste de monument qui peut servir encore à prouver combien la mer a empiété sur

(1) Laodicée.

les terres. C'est un pavé de marbre rapporté, représentant un cheval, des festons, etc. Il est assez bien conservé en certains endroits, dont quelques-uns présentent jusqu'à dix pieds de long, sans trop de dégradations. On a employé dans la construction des murs de la ville, plusieurs anciennes colonnes de granit. On en voit quelques-unes placées comme bornes, sur le pont qui conduit au fort. Dans un petit bâtiment carré, situé près de la porte, sont ensevelis ceux des émirs des druses qui ont eu Seïde en leur possession.

Seïde est entouré de jardins où l'on cultive une grande quantité de mûriers nécessaires à l'entretien des vers à soie, dont le produit compose une grande partie du commerce de la ville.

Le logement et la nourriture sont moins chers à Seïde qu'à Acre. Le Gouvernement y est plus doux, plus régulier, et les étrangers y sont à l'abri de toute insulte. Cette ville entretenoit autrefois, avec Marseille, un commerce considérable, qui a cessé depuis l'expulsion des français par Jezzar.

Le 6 avril 1797, je quittai Seïde pour me rendre dans le district de Kesrawan. Nous y arrivâmes, mon domestique et moi, après une route de quatre heures faite à cheval, et toujours en montant dans un terrain inégal et raboteux. Nous atteignîmes enfin le couvent de *Mochaülus* qui est bâti à mi-côte dans une position délicieuse, et au milieu d'un pays extrêmement pittoresque. Nous traversâmes un pont élevé sur le *Nahr-el-Aweli*, qui forme en cet endroit de très-belles cascades. Le lendemain matin, après avoir voyagé pendant trois heures, nous nous trouvâmes à *Mucsh-Mucshé*, couvent de maronites, situé aussi dans le Kesrawan. Les montagnes voisines sont couvertes de sapins, dont quelques-uns remarquables par leur grosseur. Les vallées et quelques parties des montagnes produisent d'excellent vin blanc et rouge. On y trouve aussi beaucoup de mûriers, ce qui fait que la soie y est très-bonne et en très-grande quantité; mais les habitans ne savent pas la filer. On y recueille une grande abondance de bled et de lentilles.

Cette partie de la montagne où est situé Musch-Musché, présente un vaste champ aux recherches du botaniste et du fleuriste. On y rencontre à chaque pas des plantes, des arbrisseaux de différentes espèces, et pour la plupart odoriférans, et couverts de fleurs variées. Le myrthe et la lavande croissent sans culture sur la montagne ; la rose de Jéricho orne les vallées et les bords des ruisseaux. On découvre du couvent la ville de Seïde, ainsi que la mer et les rivages qui l'avoisinent.

C'est sur le Kesrawan et sur le mont Liban qu'on recueille les meilleurs vins que produise la Syrie. Le vin blanc fait à Jérusalem a beaucoup de force, et conserve un goût de soufre. On fait bouillir la plupart des vins de Syrie aussitôt qu'ils sont sortis du pressoir ; et lorsqu'ils sont bien réduits on les verse, pour les conserver, dans de grandes jarres ou bouteilles de verre (1).

On a tout lieu de penser que les anciens suivoient de même la méthode de faire bouillir les vins. On la pratique toujours dans quelques parties de la Provence, dont les vins sont distingués par la dénomination de vins cuits, mais où l'on parvient au même but par un moyen beaucoup plus lent ; savoir, de placer le vin dans un endroit élevé au-dessus de terre, et qui reçoit la chaleur et la fumée de plusieurs feux allu-

(1) Des dame-jeannes.

més dessous. C'est de cette manière que l'on prépare aussi en Espagne le vin d'Alicante, ou *vino tinto*.

Les vins ainsi travaillés acquièrent quelquefois un goût douçâtre et sont peu transparens. La Syrie en produit de beaucoup d'espèce différente, mais le plus fameux est le *vin d'or* (1), qu'on recueille sur le mont Liban : celui-là n'est point bouilli ; il se purifie de lui-même avec le secours du tems. Tout le pays ne produit qu'une petite quantité de ce vin. Sa couleur est comme l'indique son nom, brillante et dorée ; il se vend fort cher, même sur les lieux.

Il est à croire que, mieux préparés, les vins de Syrie égaleroient ceux de France et d'Espagne.

Les chrétiens du Kesrawan sont si peu gênés dans l'exercice de leur culte, qu'ils jouissent de leur privilège chéri de remplir les airs du son de leurs cloches.

On pourroit reprocher aux moines de *Musch-Musché* un certain penchant au fanatisme ; mais il n'éteint point en eux l'industrie : ils n'emploient jamais d'ouvriers du dehors. Cuisiniers, boulangers, bou-

(1) *Vino d'oro*.

chers, charpentiers, tailleurs, jardiniers, laboureurs, chaque religieux a son emploi distinct dans la maison. Je vis à Musch-Musché *Hassan Jumbelati*, dont la famille tient parmi les druses le rang le plus distingué, et qui lui-même exerce une charge sous l'*émir Beshir*. Il est fort adonné au vin. Il ne m'a pas semblé manquer d'esprit ; cependant lorsqu'il me questionna avec beaucoup de curiosité sur la révolution de France, ses causes et les évènemens qui en ont été la suite, ainsi que sur la croyance actuelle du peuple français, les détails que je lui donnai à cet égard ne lui fournirent aucune remarque qui me semblât digne d'être recueillie.

En quittant le Kesrawan, nous retournâmes à Seïde, et le 9 avril nous partîmes de cette ville pour nous rendre à Beirout, autrefois *Berytus*. Nous traversâmes avant d'y arriver des sables très-profonds, et nous passâmes deux rivières, savoir : le *Nahr-el-Aweli* dont j'ai déja fait mention, et le *Damer*, qui est l'ancien *Tamyras*. De toutes les villes de la côte de Syrie, Beirout est celle dont les approches offrent le plus de grandeur, et cependant encore a-t-on laissé dépérir, depuis la mort de Fakr-el-Dîn, les bois superbes dont la magnificence de ce souverain avoit pris soin d'embellir les environs. Un bois de pins qu'il avoit fait planter, se trouve réduit maintenant à la moitié de sa première étendue. On ne retrouve aucune des statues que sa longue résidence en Italie lui avoit donné moyen de rassembler. Il ne reste pas non plus le moindre vestige de ces jardins et de ces appartemens qu'il avoit fait arranger dans le goût européen.

La ville de Beirout est très-petite, et n'avoit pas même encore de murs lorsque les russes la bombardèrent (1). Jezzar la fit bâtir lorsqu'il prit possession de la ville, afin de lui donner un air de défense plus respectable : mais ces murs, fortifiés à la vérité de quelques tours, sont très-minces et peu solides. Un autre désavantage de Beirout, comme place forte, est sa situation au milieu d'une plaine. Elle a un quai très-commode. Les faubourgs sont presqu'aussi grands que la ville. Ils sont composés de jardins dont chacun est accompagné d'une maison, et rien ne peut offrir un aspect plus pittoresque et plus agréable que ce mélange d'édifices, avec les figuiers, les oliviers,

(1) En 1770.

et les autres arbres fruitiers que nourrit cette terre fertile.

Ces jardins, pour la plupart, appartenoient aux chrétiens, avant que le pacha, par ses exactions, les eût forcés à vendre une partie de leurs biens. Il est à remarquer ici, qu'à Beirout, les chrétiens peuvent posséder des terres, ce qui ne leur est pas permis dans la ville d'Acre. Les rues sont à Beirout comme dans toutes les villes de cette partie du continent, étroites et irrégulièrement bâties.

La haute tour qu'on voit au nord-est de la ville, n'est pas la même que celle dont parle Maundrel; celle-ci a été détruite d'abord par Jezzar, qui craignoit, en cas d'attaque, qu'il ne fût trop facile à l'ennemi de s'y loger, et par là, d'incommoder beaucoup la ville, et qui ensuite en a rebâti une autre au même endroit, pour servir de place d'armes. La dernière est composée de pierres beaucoup plus petites, et est beaucoup moins solidement construite que l'autre.

Les vaisseaux européens s'arrêtent en été auprès d'une petite pointe située au-devant de la ville, et qu'on appelle la pointe de Beirout; mais dans l'hiver ils vont mouiller au fond d'une espèce de petit golfe, rendu extrêmement sûr, dit-on, par sa situation entre des montagnes qui le garantissent des vents d'est et de nord. La principale marchandise du pays, est de la soie écrue que l'on transporte au Caire, à Damas, à Alep, et jusqu'en Europe. La terre y est singulièrement propre au travail de la poterie. On se sert sur toute la côte, de jarres et autres poteries de terre faites à Beirout.

Les vivres y sont en général assez chers. On estime davantage le poisson pêché dans ses environs où le fond de la mer est composé de rochers, que celui qu'on prend à Seïde où elle repose sur le sable ou la vase. Le vin rouge qu'on y transporte du mont Liban est très-agréable à boire; mais comme on ne le peut sortir de la montagne sans une permission de la douane, il est augmenté de prix depuis quelque tems. Il ne coûte pas encore, cependant, plus de quarante piastres le *cantar*, c'est-à-dire environ quatre liv. sterling, la pièce pesant cent liv.

Le 23 avril, je me rendis à *Antoura*, village situé sur le mont Liban, à quatre heures de chemin de Beirout. Je traversai pour y arriver le *Nahr-Beirout*, et ensuite le *Nahr-el-Kelb*, la plus forte rivière de ces cantons.

C'est le fameux fleuve d'Adonis, si connu par les vignes qui bordent ses rivages, et par la charmante description que nous en a laissée Milton.

Antoura, bâti au milieu des mûriers, présente un aspect riant, mais n'offre d'ailleurs aucune particularité remarquable. On voit près de ce village un couvent de religieuses dans lequel a logé la femme de M. Wortley Montague (1). Les chrétiens de ce

(1) Ce fut dans le tems où s'instruisoit à Rome le procès qu'on y avoit porté relativement au premier mariage de cette dame, et avant que ce mariage eût été cassé. Il seroit bien long de rapporter en détail cette aventure de la vie extraordinaire de Montague *. Qu'on se contente de savoir que le premier mari de madame Montague étoit capitaine d'un vaisseau marchand appartenant à des négocians de Marseille. Celui-ci avoit amené sa femme en Egypte. Montague lui persuada d'abord de la lui confier, et de la laisser avec lui à Rosette. Puis profitant de l'absence du capitaine qui étoit allé faire un voyage en France, il fit accroire à sa femme qu'il étoit mort, s'offrit à sa place, et fut accepté. La supercherie se découvrit enfin ; mais Montague eut alors l'adresse et le crédit de faire casser le premier mariage, sous prétexte qu'il avoit été célébré avant que les parties eussent atteint l'âge fixé par les lois. Montague passoit aux yeux des religieuses pour un des ardens prosélytes de la communion romaine.

* Il étoit fils de la célèbre lady Wortley Malague qui a écrit de très-jolies lettres sur la Turquie.

lieu ne paroissent assujétis à aucune marque distinctive dans leur habillement. Ils portent indifféremment des turbans de plusieurs couleurs, le verd même ne leur est point interdit. On leur permet le libre exercice de leur culte; mais par une suite du despotisme naturel dans ces climats à toute espèce d'autorité, ils sont aussi malheureux sous la puissance des scheiks ou gouverneurs de leur religion, que le peuvent être les autres chrétiens soumis plus immédiatement à la domination des turcs. Le scheik extorque la substance du peuple, et Jezzar écorche le scheik.

Je vis ensuite Harrisé, ou réside le patriarche des maronites, qui exerce sur les chrétiens de sa secte, un pouvoir presque monarchique. D'*Harrisé*, je retournai à Beirout.

Un différend survenu entre Jezzar et le pacha de Tripoli, rendoit alors les communications assez dangereuses; en sorte que pour voyager sans crainte jusque dans cette dernière ville, je me joignis à une bande de déserteurs. Nous fîmes le trajet trop rapidement pour qu'il me fût possible de recueillir en route beaucoup d'observations. Le pays que je traversai est connu pour produire le meilleur tabac que l'on recueille dans toute la Syrie. On cultive la plante qui le donne, dans différens districts, mais particulièrement près de Tripoli, de Gebeilé et de Latakie.

Le troisième jour de mon voyage, après avoir couché, comme de coutume, en plein air, j'arrivai à Tripoli vers dix heures du matin.

La ville de Tripoli est assez grande, et située à environ un mille et demi de la mer. Les vaisseaux jettent l'ancre près du rivage, sous une chaîne de rochers qui les abritent. Ce mouillage n'est pourtant pas extrêmement sûr.

La ville est remplie d'eaux stagnantes qui nuisent beaucoup à la salubrité de l'air. Sa forme est étroite et longue. Elle est bâtie sur une petite éminence un peu plus haute vers le midi. Ce côté est occupé par un vaste et fort château appartenant autrefois aux comtes de Tripoli, et d'où l'on aperçoit une partie du mont Liban toujours couverte de neige. Les jardins des environs de Tripoli, produisent beaucoup de mûriers et d'autres arbres fruitiers. La ville est bien bâtie, et les rues sont pavées pour la plupart.

Tripoli est la résidence d'un pacha. Celui d'aujourd'hui est le fils d'Abdallah, pacha de Damas.

C'est aussi le séjour d'un grand nombre de négocians mahométans, parmi lesquels on en compte des plus riches et des plus estimés de tout l'Empire ottoman (1). On y trouve cinq ou six marchands français qui s'y sont réfugiés dans le tems de leur expulsion de la ville d'Acre. Le commerce de Tripoli consiste sur-tout en soie.

Je n'ai pas vu d'antiquités à Tripoli, et je pense que, sans que j'en parle, on connoît assez l'histoire de cette ville, durant le tems des croisades. On peut, je crois, estimer à seize mille le nombre de ses habitans.

Le *miri*, c'est-à-dire la somme des contri-

(1) Les *santons* ou saints de la religion mahométane continuent de se livrer sans contrainte aux plus criants excès. Voici ce que l'on m'a raconté de l'un d'eux. Ardent aux plaisirs d'un amour indéterminé dans son objet, il rencontra un jour la femme d'un riche marchand mahométan nouvellement marié ; et après avoir mis en fuite celle qui l'accompagnoit, il satisfit ses desirs au milieu de la rue. Le marchand porta des plaintes. « Vous êtes trop heureux, répondit le pacha, votre « femme accouchera probablement d'un *welli*, un « saint. » On n'en put obtenir autre chose.

butions que paye Tripoli au trésor de la Porte, ne s'élève guère qu'à vingt bourses, environ 1000 l. sterling. La Syrie est actuellement divisée en quatre pachaliks, qui sont ceux de Damas, d'Alep, d'Acre et de Tripoli. Ce dernier est le moins important, soit par le peu d'étendue du pays qu'il comprend, soit par la médiocrité du pouvoir qui l'accompagne.

Le 30 avril, nous partîmes pour Latakie, autrefois Laodicée, du nom de la mère de Seleucus Nicanor, en l'honneur de laquelle ce prince l'avoit fait bâtir. Nous y arrivâmes à la fin du troisième jour. Je ne puis rendre l'impression de tristesse que me fit éprouver l'aspect de cette ville à moitié détruite par le tremblement de terre qui, l'année précédente (1), avoit fait périr une partie de ses habitans.

Le port de Latakie est petit, mais commode, et fermé à l'entrée par une barre de sable. La ville est bâtie dans une plaine où la vue bornée par des collines du côté de l'est, s'étend sans mesure vers le nord et le midi. Elle n'a point de murs, et quelques rues seulement y sont pavées ; mais on re-

(1) En 1796.

marque dans toutes une grande propreté. L'air y est très-pur, et les jardins qui l'environnent y entretiennent une fraîcheur balsamique. L'eau y est assez rare. C'est de Latakie qu'on perd absolument de vue les sommets neigeux du mont Liban.

La ville contient huit mosquées. Elle est gouvernée par un délégué du pacha de Tripoli.

Le 5 mai je partis pour Alep avec le citoyen Chauderlos, consul général de France, et deux turcs. Nous avancions à travers un des pays les plus pittoresques que j'aie rencontrés de ma vie. Des sentiers raboteux, où l'on gravit lentement, péniblement, le long d'une montagne escarpée ; autour de vous des rochers menaçans, des précipices terribles, et sur la cîme de ces rochers, sur le penchant de ces précipices, la végétation dans tout son luxe, la verdure dans tout son éclat, s'offrant sous toutes les formes ; mille fleurs de mille nuances diverses exhalant au loin les odeurs les plus pénétrantes ; des torrens qui, sur leurs lits pierreux, parcourent les vallées où s'élancent des rochers en nappes remplies d'écumes, le bruit des eaux qui s'empare d'un de vos sens, leurs détours parmi lesquels la vue s'égare et s'éblouit; un ensemble où l'imagination saisie voit se réaliser ces peintures délicieuses, charme de la lecture des poètes : tel est le tableau de la contrée que nous parcourûmes le second jour de notre voyage.

Les mêmes scènes s'offrirent à nos regards pendant la troisième journée, et nous passâmes la nuit à Chogr, près du fleuve d'Oronte, qui en cet endroit serpente majestueusement à travers la plaine. La ville de Chogr est très-populeuse, on y trouve un bon caravansérai. Cependant nous nous décidâmes à dormir en plein air plutôt que de nous exposer à la vermine, dont ces sortes de lieux sont ordinairement infectés.

On voit auprès de Chogr un pont de pierre solidement bâti et composé de sept arches. Ces différens établissemens ont eu pour objet, dans l'origine, la caravane de la Mecke, qui s'arrête à Shawr en venant de Constantinople.

Nous arrivâmes le cinquième jour à *Keftin*, village remarquable par ses colombiers qui fournissent des pigeons à tous les environs jusqu'à Alep inclusivement. Les terres voisines de Keftin sont toutes ensemencées de bled et d'orge. Le sol y est très-fertile et ne demande point de marne.

Les femmes de *Keftîn* ne portent point de voile ; et à *Martraouan*, endroit peu éloigné de *Keftîn*, les parens les offrent eux-mêmes aux étrangers. Ces femmes ont les yeux noirs, et des traits assez réguliers.

Les arabes appellent les habitans de *Martraouan*, *Ansarié*, du nom d'une secte mahométane, et qui aux yeux des chrétiens affecte de professer le christianisme. L'étrange coutume dont nous avons parlé tout-à-l'heure, paroîtroit tenir à un reste de cette dissolution de mœurs qui régnoit autrefois à Antioche et à Daphné.

De Keftîn il reste encore huit heures de route pour arriver à Alep. De ces huit heures, deux sont employées à traverser des terres où l'on cultive du bled ; le reste du tems on voyage dans un pays stérile. On voit Alep deux heures avant d'y arriver, et à mesure qu'on en approche on est frappé de l'aspect magnifique que l'abord de cette ville déploie aux regards du voyageur.

CHAPITRE XXIV.

REMARQUES SUR ALEP.

Schérifs et janissaires. — Fabriques et commerce. — Carrières. — Prix des denrées. — Nouvelle secte. — Voyage à Antioche. — Description de l'ancienne Séleucie. — Retour à Alep.

Les environs d'Alep offrent beaucoup d'inégalités de terrain. La ville est même bâtie en partie sur des hauteurs, et en partie sur un sol enfoncé. Elle est traversée par une petite rivière nommée Coïk, qui descend d'Aintab et va se perdre dans un marais à l'ouest d'Alep.

Cette ville fameuse a été si fréquemment décrite, que je me bornerai à quelques observations sur les objets qui m'ont frappé pendant le séjour que j'y ai fait.

Alep est situé dans un pays pierreux, et le peu de jardins qui l'environnent ne produit guère que des pistachiers. La ville est bien bâtie et pavée en pierres. Le verd des cyprès s'y mêle d'une manière très-pittoresque aux minarêts blancs d'un très-grand nombre de mosquées. D'après ce que j'ai pu recueillir, elle croît chaque jour en population, et le nombre des maisons y augmente en conséquence : ce qu'il ne faut cependant pas regarder comme une preuve de la prospérité du pays, car cet accroissement de la capitale ne se fait qu'aux dépens des villages voisins qui se dépeuplent à proportion. Les maisons d'Alep sont propres, airées, solides et commodes. Le peuple s'y fait distinguer par un air de politesse un peu affectée, qu'on ne retrouve guère dans les autres villes de Syrie. Le langage y a aussi quelque chose de particulier : c'est un dialecte de l'arabe ; cependant plusieurs personnes y ont adopté la langue turque.

Lorsque j'arrivai à Alep, on venoit d'y envoyer un nouveau pacha ; mais comme en raison de quelques différends survenus entre les schérifs et les janissaires, ceux-ci craignoient que le gouverneur arrivant, ne vînt avec l'intention de les punir, ils l'avoient empêché de demeurer dans la ville. Il se nommoit El-Scherif Mohammed-Pacha ; il étoit fils du pacha d'Adene. C'étoit un jeune homme d'une réputation sans tache ; mais pour comprimer les factions dont il étoit environné, il eût fallu un personnage dont les talens imposassent plus de considération. Aussi fut-il obligé de se retirer au bout de très-peu de tems.

Les schérifs ou descendans de Mahomet forment dans Alep un parti considérable; ils se réunissent de même à Bagdad, mais ils y sont moins prépondérans. Ceux d'Alep composent un corps d'environ six mille, contre, tout au plus, quinze cents janissaires. Depuis l'iman le plus distingué, jusqu'au paysan le plus pauvre, on rencontre des schérifs de toutes les classes de la société. Le courage n'est pas leur qualité distinctive. Les janissaires, au contraire, quoique peu faits à l'usage des armes, quoique l'aspect d'une bataille leur soit presque étrangère, manifestent dans toutes les occasions, la plus intrépide valeur. Mais l'inégalité de nombre rétablit la balance entre les deux factions; en sorte que chaque nomination à un poste honorable ou lucratif, fait naître des querelles qui rarement se terminent sans effusion de sang. Il s'en éleva plusieurs pendant l'été de 1797, dans l'une desquelles il périt, à ce qu'on assure, près de trois cents personnes. Cette foiblesse du Gouvernement turc peut être regardée, je crois, comme un des symptômes de la décadence de cet Empire.

L'industrie reçoit à Alep tous les encouragemens possibles. Chrétiens et mahométans, tous mettent la même activité à soutenir le commerce de cette ville. La soie et le coton en sont les principaux articles. Il y arrive souvent de grosses caravanes venant de Bagdad et de Bassora, où elles se sont chargées de café moka venu par le golfe Persique, de pipes de bois de cerisier, de mousselines, de schals, et d'autres marchandises des Indes.

Outre ce que la ville d'Alep envoie par mer en Europe, du produit de l'industrie de ses habitans et de ceux du sol qui l'environne, il en part tous les ans trois ou quatre caravanes chargées de marchandises, qui se rendent à Constantinople, à travers la Natolie. Les noix de pistache composent une partie assez importante du commerce d'Alep. C'est la principale production de ce pays, dont le terrain lui est particulièrement favorable. Alep entretient aussi des relations commerciales avec Damas, Antioche, Tripoli, Latakie, et généralement toutes les villes situées vers l'Euphrate.

On évalue communément à six mille le nombre de ceux de ses habitans qui ont succombé à la dernière peste.

Les femmes d'Alep sont en général brunes, fortes, hommasses, et très-adonnées à des goûts contraires à la nature.

C'est assez près des portes d'Antioche que l'on trouve les carrières qui ont fourni des matériaux pour la construction d'Alep. Elles méritent, à plusieurs égards, une attention particulière. Des deux côtés d'un chemin taillé dans le roc vif, s'ouvrent des cavernes capables de contenir beaucoup de monde, et passablement éclairées. De ces premières entrées partent dans tous les sens des routes souterraines, parmi lesquelles, assurent les habitans du lieu, il s'en trouve une qui aboutit au château d'Alep, tandis qu'une autre conduit jusqu'à Antioche, et même plus loin. Je n'avois ni le tems, ni les instrumens nécessaires pour m'assurer de la vérité du fait ; mais l'on peut dire que cette sorte de tradition est commune à tous les pays où se rencontrent des cavités considérables, soit naturelles, soit artificielles.

La matière de ces carrières est une pierre molle, ou une sorte de tuffeau mêlé de coquilles pétrifiées. Il semble que ceux qui les exploitoient d'abord, les avoient destinées à quelqu'autre usage, car sans compter qu'on y trouve des colonnes, à la vérité grossièrement taillées, et que le roc est en quelques endroits ouvert perpendiculairement pour laisser un passage à la lumière, on voit que les parois des cavernes ont acquis par le travail un degré de poli qu'on ne rencontre pas sur celles d'une carrière ordinaire. Toujours est-il certain que depuis l'époque de leur ouverture, elles ont servi de retraite à des créatures humaines, car on y distingue des traces de feu, des mangeoires de chevaux, et même des lieux de sépulture. Elles ont été dernièrement occupées par quelques *dellîs* déserteurs qui, ne pouvant rentrer dans la ville, s'étoient établis dans cet endroit, d'où ils voloient et quelquefois même assassinoient les passans.

On voit hors de la ville un grand cimetière. J'y remarquai le tombeau d'un anglais, et la date de l'inscription m'apprit qu'il y avoit été déposé en 1613.

Les habitans d'Alep se rapprochent beaucoup plus, pour la forme de leurs vêtemens, de ceux de Constantinople que des égyptiens ou des peuples du midi de la Syrie. Dans les tems de pluies, hommes et femmes portent également des espèces de patins de bois, d'un effet assez choquant à la vue, et dont la multiplicité produit un bruit fort désagréable.

Le louage d'un chameau qui, pour aller d'Alep à Latakie ou à Scanderon, c'est-à-dire pour faire environ six milles, coûtoit, il y a cent ans, quatre piastres, et huit piastres il y a trente ans, s'élève aujourd'hui à dix-neuf. Depuis 1716, le prix de quelques marchandises a décuplé. Il m'a été prouvé par des pièces authentiques, qu'à cette époque, l'ardeb de riz se vendoit à Alep onze piastres ; la même mesure en coûte maintenant cent dix-huit. Avec une piastre on achetoit alors cent quatre-vingt-cinq pains d'une certaine espèce ; la même somme n'en procure plus que quarante. La viande y est bonne et en abondance ; elle se vend cinquante paras le rotal (1), ou environ neuf sous la liv. On n'y voit pas de poisson, si ce n'est quelques anguilles que l'on pêche dans la rivière

(1) 720 drachmes.

de Coïk. Le vin y est très-cher, par la raison que les environs n'en produisent d'aucune espèce. Les autres articles de consommation ne m'ont rien offert de remarquable.

Alep est la première ville où j'aie remarqué la coutume d'illuminer les mosquées, la nuit du jeudi, qui est le tems où l'on entre dans le jour du sabat, fixé par la loi de Mahomet. Cet usage n'a point lieu au Caire ni dans les autres villes du midi.

Tandis que j'étois à Alep, c'est-à-dire au commencement de juin 1797, on y apprit que le pacha de Bagdad venoit d'envoyer un nombreux détachement au secours des arabes fidèles à la Porte, afin de les mettre en état de repousser les incursions du rebelle *Abd-el-Aziz Ibn Messoud-el-Wahhabé*, qui commençoit à se rendre redoutable par la rapidité de ses succès et le nombre toujours croissant de ses prosélytes. *Abd-el-Aziz*, natif de Nedjed, est très-respectable aux yeux des arabes par son âge et sa sagesse. C'est deux ans avant le tems dont je parle, qu'il avoit annoncé publiquement sa résolution de résister aux ordres de la Porte : il avoit depuis ce tems ramassé un corps de troupes considérable, mais armé seulement, disoit-on, de lances et d'épées. Il se prétend chargé des ordres du ciel, et ne fait aucun quartier à ceux qui lui résistent. Il tâche de s'attacher les chrétiens et les juifs, en n'exigeant d'eux qu'une capitation de trois piastres et demi par année. Dans les pays soumis à sa domination, tout propriétaire d'une maison est forcé de servir en personne dans ses armées, ou de fournir un homme à sa place. Afin d'animer l'ardeur de cette espèce de soldats, Abd-el-Aziz, donne au remplaçant les deux cinquièmes du butin, et deux autres à celui qui l'envoie ; le dernier cinquième est pour lui. Celui qui sert en personne a les quatre cinquièmes. Dans le tems où j'en entendis parler, on croyoit qu'il alloit porter ses armes vers la Mecke qu'il avoit déja menacée. Il a réduit sa profession de foi à ces mots : « Il n'y a d'autre Dieu que Dieu » ; soutenant qu'après sa mort un Prophète n'a droit à aucune espèce de culte, et qu'ainsi il est absurde d'en faire mention, soit dans des prières, soit dans une profession de foi. Il enseigne l'absolue nécessité de la prière, mais veut qu'elle se fasse en plein air, et détruit toutes les mosquées dont il peut se rendre maître. Des cinq préceptes de Mahomet, l'aumône, le jeûne, la prière, l'ablution et le pélerinage à la Mecke, il n'admet que les quatre premiers. Le dogme du pélerinage est proscrit par sa doctrine. Il conteste au koran la divinité de son origine ; il défend toute autre boisson que l'eau pure. Comme il est très-vieux, il a pris soin d'assurer l'attachement de ses partisans à son fils, qui le remplace d'ordinaire à la tête des armées (1).

Le 11 de juin nous quittâmes Alep pour nous rendre à Antioche, où nous arrivâmes le 14. Le chemin que nous parcourûmes est en partie montueux. Nous traversâmes l'Oronte sur un bac. Le pays est semé d'haschisch qui est une espèce de chanvre.

Nous entrâmes à Antioche, à présent

(1) Cette secte me paroît être la même que celle dont parle Niébuhr dans sa description de l'Arabie, édition de Paris, page 208. Ce qu'il en raconte, à quelque différence près, dans les dogmes du fondateur, se rapporte absolument à ce que j'ai su à cet égard en Arabie et en Syrie, où l'on m'a représenté l'origine de cette secte comme extrêmement récente. Niébuhr la fait remonter à l'année 1760 : mais cela ne contredit nullement les renseignemens que j'ai eus, et qui s'accordent tous sur le grand âge d'*Abd-el-Aziz-Ibn-el-Wahhabé*.

Antakie, par ce qu'on appelle le *Bab Bolous*, c'est-à-dire la porte de Saint-Paul. L'espace renfermé entre les murs d'Antioche est très-considérable, mais les édifices de la ville n'en occupent qu'une partie. Les murs sont flanqués d'un grand nombre de tours. Ils sont très-hauts et très-forts, et s'étendent depuis l'Oronte, qui borne la ville au midi, jusqu'au sommet de la montagne, d'où un vaste château, maintenant en ruine, domine encore un pays immense. L'Oronte serpente dans une vallée fertile, on le traverse sur un pont solidement bâti.

Antioche est gouvernée par un *mohassel*, recevant ses pouvoirs de la Porte. Cet officier m'accueillit très poliment, et m'autorisa à faire toutes les recherches qui me pourroient être de quelqu'utilité.

Lorsque j'arrivai, la récolte d'orge étoit commencée. La plaine d'Antioche s'étend d'environ trois lieues et demie de long, sur deux de large. La langue turque est celle qu'on parle le plus généralement dans le pays.

Antioche est située beaucoup plus avantageusement qu'Alep, qui bâtie au milieu d'un sol stérile, et sans rivière navigable, est encore placée à une grande distance de la mer. A cela près de la rivière navigable, Antioche jouit de tous les avantages qui manquent à Alep, d'un bien meilleur air, et du voisinage de la mer dont elle n'est qu'à cinq heures de chemin ; et de plus, la petite rivière de Coïk qui coule à Alep, n'est pas à comparer à l'Oronte. On s'y procure à bon marché les vins de montagne, et on y trouve du poisson de mer en abondance. La rivière a beaucoup de profondeur à son embouchure, et forme en cet endroit un hâvre où peuvent se retirer les petits batimens.

L'espace qui s'étend d'Antioche à la mer est rempli d'un grand nombre de mûriers ; aussi la soie y est elle abondante, mais sa qualité est médiocre.

D'Antioche je me rendis à Souaidié, autrefois Séleucie, et servant de port à la ville d'Antioche, qui n'en est éloignée que de quatre heures de route. En voyant Séleucie l'imagination est frappée des travaux immenses qu'il en a coûté à ses anciens maîtres pour la rendre propre au commerce. La négligence de ses nouveaux souverains en a laissé perdre tout le fruit. Le pays qu'on traverse en allant d'Antioche à Séleucie est agréablement coupé de montagnes et de plaines, et orné de plantes et d'arbrisseaux odoriférans, tels que le myrthe, l'oleandre, le cyclame, etc. mais il m'a paru manquer d'habitans. Après avoir traversé quatre ruisseaux dont les eaux claires et rapides vont se jeter dans l'Oronte, je m'arrêtai chez un naturel du pays, de qui je reçus l'accueil le plus hospitalier, et je passai la nuit au milieu des mûriers dont le produit lui sert à nourrir sa nombreuse famille.

Une des grandes portes de Séleucie s'est conservée en son entier ; son architecture approche de l'ordre dorique. On a formé plusieurs excavations dans le rocher qui se trouve à côté. On voit encore une partie de la muraille épaisse et solide qui défendoit Séleucie du côté de la mer. Le port est petit et fermé par un môle construit de très grosses pierres ; il devoit offrir aux bâtimens une retraite commode et sure. Il est maintenant entièrement à sec, mais le sable du fond ne m'a pas paru au-dessus du niveau de la mer. Un peu vers le nord, on remarque un chemin creux taillé dans le roc, et qui conduit par une pente douce du sommet de la montagne au bord de la mer. Sa longueur est d'environ six cents pas ordinaires, sa largeur de vingt pieds sur trente à cinquante de profondeur. On rencontre vers le milieu un endroit où le rocher percé seulement en-dessous forme une assez longue voûte sur le passage. Il règne tout le long de ce chemin un canal qui conduit jusqu'à Séleucie l'eau pure de la montagne. Le rocher au-dessus est percé d'une infinité d'excavations faites de main d'homme; j'ignore à quelle intention. On trouve sur la parois méridionale du chemin, une inscription grecque, composée, à ce qu'il m'a semblé, de cinq lignes; mais comme elle étoit placée très-haut et que je n'avois point de lunette, je n'en pus distinguer que ces lettres., TETAP, qui se trouvent dans l'avant-dernière ligne.

Du côté de la mer on remarque dans le rocher quelques catacombes. Je vis autour de l'une des chambres qui les composent, trente niches destinées à recevoir des corps; j'en comptai dans une autre jusqu'à quarante.

Le lendemain de mon retour à Antioche, je me mis en route pour regagner Alep. Entre ces deux villes les caravanes courent risque d'être attaquées par les kourdes. Les turcomans forment une autre peuplade de voleurs; ils passent ordinairement l'hiver dans les environs d'Antioche, et l'été dans la Natolie.

CHAPITRE XXV.

VOYAGE A DAMAS.

Entrée des hadjis. — Description topographique de Damas. — Commerce et objets d'industrie. — Population. — Remarques sur le décroissement de la population en Orient. — Gouvernement et mœurs de Damas. — Établissemens de charité. — Anecdotes sur des faits récens. — Impôts. — Prix des vivres. — Caravane sacrée.

Je demeurai encore quelque tems à Alep, afin d'attendre le départ de la caravane qui se rendoit à Damas, et qui enfin se mit en route, le 23 juillet 1797, par une chaleur très-considérable, mais qui ne pouvoit nullement se comparer à celle de l'Afrique. La caravane n'emmenoit avec elle d'autres bêtes de somme que des mulets et des hongres.

Je ne répéterai point les descriptions bien connues du chemin qui conduit d'Alep à Damas.

Ce fut le vendredi 8 août, à la chute du jour, que nous arrivâmes dans cette dernière ville. Les approches en sont remarquables par la quantité de jardins qui la précèdent à plusieurs milles de distance, et par un chemin d'une grande longueur.

Le jour qui suivit mon arrivée étoit celui où la caravane qui revenoit de la Mecke faisoit son entrée dans Damas. La grande rue, longue de plusieurs milles étoit garnie par-tout d'une foule innombrable de spectateurs, tous émus d'une vive curiosité, à laquelle se joignoit pour quelques-uns l'impatience de revoir des parens ou des amis, et pour le plus grand nombre, la vénération religieuse que leur imprimoit l'aspect de la procession sacrée. Quelques-uns des plus riches hadjîs, ou pèlerins, se faisoient porter dans des litières (1); mais le plus grand nombre voyageoit dans des espèces de paniers, placés deux à deux sur le dos des chameaux. Ils ne paroissoient pas fatigués; cependant on nous dit qu'ils avoient souffert du manque d'eau.

Le samedi suivant fut le jour de l'entrée du pachá de Damas, qui par sa place est *Emir el-Haljie*, ou chef de la caravane sacrée. La marche étoit ouverte par trois cents dellîs, ou cavaliers; tous montés sur des chevaux arabes, et qui bien qu'armés et équipés de différentes manières, ne laissoient pas de

(1) Tattaraouan.

présenter un ensemble assez imposant. Derrière eux venoient quinze hommes, montés sur des dromadaires, et armés de carabines très-grosses, et suspendues devant eux avec des porte-mousquetons qu'ils pouvoient tourner à volonté. C'est des perses, dit-on, que les syriens ont pris l'usage de cette arme destructive. Après ces hommes ainsi armés, marchoit un certain nombre des grands officiers de la ville, tous bien montés et bien vêtus ; puis une partie des janissaires du pacha de Tripoli, bien armés et bien vêtus aussi, puis le pacha de Tripoli lui-même avec ses officiers et le reste de sa garde. On portoit ensuite le tattaraouan du pacha de Damas. Il étoit suivi d'un corps de quatre cents dellîs, d'une compagnie de trente mousquetaires, et de cent-cinquante albaniens vêtus d'uniformes, et marchant deux à deux comme nos troupes. Devant ceux-ci paroissoit le *senjiak scherif*, c'est-à-dire, l'étendard du Prophète ; il est fait d'une étoffe de soie verte, et couvert de versets du koran, tracés en broderie d'or. Près de l'étendard de Mahomet, le magnifique dais venu de la Mecke, étoit porté au milieu d'un corps nombreux de maugrebins, ou arabes de l'Occident, qui alloient à pied. Puis venoient les albaniens dont j'ai déja parlé ; puis les trois queues du pacha, blanches comme elles le sont d'ordinaire, et portées par trois hommes à cheval. On voyoit ensuite douze chevaux de main richement caparaçonnés (les pachas à deux queues n'en ont que six) portant chacun un bouclier d'argent et un sabre ; et suivis de six dromadaires couverts de magnifiques housses. Ensuite marchoient les principaux de la ville, et parmi eux l'aga des janissaires, le gouverneur du château, et le mohassel ; enfin le pacha de Damas, vêtu d'un habit verd, garni de fourrures de renard noir. Devant lui on distinguoit ses deux fils, dont le plus âgé avoit quatorze ans. Tous trois montoient des chevaux les plus vifs de toute l'Arabie. Derrière le pacha venoient les quatre cents hommes de sa garde, tous bien armés et bien montés. Les tentes et les bagages du pacha avoient passé d'abord, portés par plus de cent chameaux. Le tout fut conduit avec la plus grande décence, sans que la populace se livrât au moindre tumulte, quoique cependant l'ordre de la marche eût conduit de beaucoup par de-là l'heure ordinaire du repas.

Quoique les nombreuses descriptions qui nous ont été données de la ville de Damas, en aient dû faire connoître déja les particularités les plus remarquables, il est possible qu'un séjour de deux mois dans cette ville m'ait encore permis d'en recueillir de nouvelles. Les murs entourent circulairement la ville, ses faubourgs sont grands et de forme irrégulière : elle est située au milieu d'une vaste plaine remplie de jardins, à la distance de trois lieues de longueur, sur une lieu et demie de largeur. Un peu vers l'est s'élève une partie de l'anti-Liban. Divisée au-dessus de la ville en un grand nombre de canaux, la rivière de Baradi arrose tous les jardins de Damas. L'air y est excellent, et la terre très-fertile. Je n'ai jamais vu une telle abondance de fruits, sur-tout de raisins et d'abricots, qui y sont délicieux.

On trouve auprès de la montagne quelques restes d'une mosquée, et d'un palais bâti par les sarrazins ; les débris en sont couverts d'inscriptions en caractères cufiques. C'est à ces ruines qu'on reconnoît les traces du passage de ce fameux Timûr-Leng ou Tamerlan, héros guerrier, brigand illustre, fléau de toute l'Asie. Les murs de Damas sont anciens et très-forts, quoiqu'ils ne s'élèvent pas beaucoup. La ville a neuf portes, et se divise en vingt-trois districts soumis chacun à un magistrat particulier.

Le bel arbre, connu sous le nom de peuplier d'Italie, croît de tous côtés dans la plaine de Damas : il est indigène de la Syrie ; mais dans sa terre natale, comme ailleurs, il perd en vieillissant tout son éclat, et dans les lambeaux de son écorce désséchée, ne laisse voir qu'un triste monument de la rapidité avec laquelle passe la beauté.

La ville de Damas fait un commerce considérable : beaucoup d'ouvriers chrétiens et mahométans y trouvent leur subsistance dans le travail de leurs mains. La soie et le coton travaillés, soit ensemble, soit séparément, composent la matière des étoffes qu'on y fabrique. On les mêle d'ordinaire, et on en forme le tissu de ce qu'on nomme dans le pays des *cotoni* ou *alléja* (1). On y

(1) Rien n'est plus simple que la machine dont on se sert pour fabriquer ces étoffes, dont le tissu est par-

fabrique aussi beaucoup de savon (1) qu'on transporte en différentes parties de l'Egypte et de la Syrie. C'est par Seïde, Beirout et Tripoli que les orientaux reçoivent tout ce qu'ils tirent de l'Europe. Les caravanes qui partent de ces villes et y retournent à des époques régulièrement fixées, transportent d'un lieu à l'autre le fer, le plomb, l'étain, la cochenille et les draps larges. Les caravanes de Bagdad rapportent de la Perse et autres pays de l'Orient, des schals, des mousselines et les riches marchandises de

fait, et assez promptement exécuté. Il entre dans la composition d'un *cotoni* cent vingt-cinq drachmes de soie; il n'en faut que la moitié pour un *alléja* léger. Le salaire de l'ouvrier est de six paras pour un *cotoni*. *Cralshi* est le mot technique dont se servent les arabes pour exprimer la préparation de la soie blanche; *darekli*, la fabrication de l'*alléja* et *dadar* celle du *cotoni*. La longueur de chaque pièce est ordinairement de dix coudées (draa) sur une de longueur.

(1) Le savon se fabrique à Damas d'une manière particulière. Sur cent livres d'huile d'olive on met vingt-cinq livres d'alkali et cinq de craie pulvérisée que l'on fait bouillir ensemble dans de l'eau, jusqu'à ce que l'amalgame soit complet; c'est alors qu'on y mêle l'huile d'olive, et le tout doit bouillir ensuite pendant trois jours sur un feu de noyaux d'olives.

Surate. Une partie de ces objets est consommée à Bagdad même, le reste passe dans d'autres villes de Syrie et dans la Turquie européenne. Les damasciens ont conservé long-tems la plus invincible répugnance pour le commerce maritime : ce n'est que depuis quelques années qu'on a pu les engager à envoyer des marchandises par mer jusqu'à Constantinople.

Lorsqu'au commencement du quatorzième siècle, Timur-Leng fit la conquête de la Syrie, il transporta en Perse les manufactures des aciers de Damas. Cette ville n'a point repris depuis la réputation qu'elle avoit alors en Europe et en Asie, pour la perfection de ses ouvrages en ce genre. On a perdu le secret de ces fameux sabres de Damas, que la plus grande force ne pouvoit plier jusqu'à les rompre, et dont le tranchant étoit si aigu, qu'il coupoit le fer et même l'acier. Il paroît que cette méthode consistoit dans le moyen maintenant ignoré de faire tenir ensemble des feuilles d'acier et de fer de deux et trois lignes d'épaisseur, entremêlées et appliquées l'une sur l'autre.

D'après ce que j'ai recueilli sur la population, je crois pouvoir, avec assurance, la porter au moins à deux cent mille ames. Alep en doit contenir à-peu-près deux cent quatre-vingt mille.

Plusieurs voyageurs se sont étendus dans ces derniers tems sur le décroissement de la population dans les pays orientaux, et se sont, je crois, trompés à certains égards sur ce chapitre. Les villages sont à la vérité tellement abandonnés depuis quelque tems, que par exemple, sur trois cents qui entouroient Alep, il y a cent ans, il en reste maintenant dix ou douze au plus. Bien que cette diminution ne tourne pas entièrement au profit des villes, elle augmente cependant le nombre de leurs habitans. On peut, je crois, attribuer à plusieurs causes cette émigration perpétuelle des villages dans les villes. 1.º Les ressources d'existence sont beaucoup plus multipliées dans les villes que dans les villages, et n'y exigent par leur nature, que très-peu ou point de capitaux ; tandis que le travail de l'agriculteur ne lui peut rien rendre sans avoir été précédé par une mise de fonds. 2.º Par cette même raison, quelque bien qu'on puisse acquérir de la sorte, les traces de la propriété échappent dans les villes aux regards, et s'il est permis de s'exprimer ainsi, au tact du Gouvernement qui dès-lors ne peut l'atteindre par ces énormes exactions auxquelles ne se dérobent point les possessions stables et connues de l'agriculteur. Le paysan d'Egypte et de Syrie n'est point regardé comme serf : aussi libre que tout homme d'aucune autre classe, il se voit assujéti aux mêmes impôts ; car un gouverneur ne peut l'en exempter, parce qu'il est lui-même obligé, sous peine de perdre sa place, de payer à la Porte le tribut fixé. Il lui faut donc de l'argent ; et ignorant ces moyens employés en Europe pour remonter aux sources de la propriété, il frappe nécessairement la plus apparente et celle qu'on ne peut soustraire à son pouvoir.

Malgré ces entraves, la différence d'un bon à un mauvais Gouvernement ne laisse pas d'être encore très-sensible par les effets qu'elle produit. La conduite équitable du nouveau pacha rendoit déja à la population et au commerce ce que leur avoient ôté les violences de Jezzar.

Au moment où j'écris, il n'est pas une boutique fermée dans les bazars de Damas, qui par leur étendue surpassent de beaucoup ceux d'Alep ; les marchandises de toute espèce y abondent, et chaque nouvelle caravane y amène de nouveaux hôtes, qui poursuivis ailleurs par l'oppression, viennent chercher à Damas une habitation plus tranquille, ou les avantages du commerce. Le loyer des maisons encore un peu bas, augmente chaque jour d'une manière sensible, et de nouveaux bâtimens étendent à vue d'œil les faubourgs de la ville.

Le pachalik de Damas est le premier de toute l'Asie. Le pacha actuel se nomme Abdallah. C'est un homme âgé d'environ cinquante ans, grand de taille, d'un extérieur favorable, et d'une très-noble famille, puisque ses ancêtres ont possédé des pachaliks dès le dernier siècle. Il n'est pas nécessaire d'observer, je crois, que tout pacha a droit de vie et de mort sur ceux qui lui sont soumis.

On a long-tems accusé les damasciens de maltraiter beaucoup les francs; mais cet orgueil de leur ignorance m'a paru avoir un peu perdu de sa force, et je n'ai pas vu que leur conduite en ce point différât de celle des autres orientaux. Peut-on assez déplorer l'égarement, qui de la religion faite, ce semble, pour adoucir et rapprocher les hommes, a tiré la source de leurs animosités les plus invétérées, et mêlé le poison dans l'antidote qui devroit l'écarter? Le mahométan se croit un Dieu, et ne voit dans toute autre caste qu'un amas de vils animaux. Quelle bienfaisante institution peut jamais compenser le mal que produisent nécessairement cet orgueil, cette fureur, ce sentiment de haine éternelle, ces vœux de destruction et de carnage entrés avec de pareils dogmes dans l'ame de celui qui les professe?

Il existe une grande différence entre le caractère des damasciens et celui des habitans d'Alep. Le propre de ceux-ci est la vanité et beaucoup de penchant à la révolte, tandis que les autres sont au contraire tranquilles, industrieux et modestes. A Damas les femmes et les enfans sont remarquables pour la beauté de leur teint et la régularité de leurs traits. L'habillement des femmes y est à-peu-près le même qu'à Constantinople. Elles portent toutes des voiles blancs, excepté les femmes publiques qui, suivant l'usage d'Orient, vont toujours le visage découvert. Les femmes grecques sont les seules qui en Asie fassent usage de fard.

Damas est rempli d'établissemens de bienfaisance, parmi lesquels on doit remarquer l'édifice construit pour les étrangers, par le sultan Sélim, avant que son penchant à la magnificence se fût porté sur d'autres objets. C'est un bâtiment vaste et quadrangulaire, soutenu tout autour par des colonnes. Le toît est divisé en plusieurs dômes couverts de plomb. La mosquée est grande, son entrée est ornée de quatre grosses colonnes de granit rouge. Elle est surmontée d'une coupole et de deux minarets, et placée près d'un beau jardin. La maison contient beaucoup d'appartemens. Les cuisines (1) sont de l'autre côté de la mosquée, et répondent à la grandeur du reste de l'établissement.

Abdallah, pacha actuel de Damas, et fils de Mohammed, pacha Adm, et de la fille unique du célèbre Asad, pacha, dont il est fait mention dans les ouvrages de Niébuhr et de Volney; Mohammed, pacha Adm avoit été précédé par Osman. Après lui le pachalik de Damas passa successivement à deux de

(1) Mutbach.

ses frères dont le dernier fut expulsé par les intrigues de Jezzar, qui le remplaça et épousa la fille de Mohammed, pacha Adm, sœur d'Abdallah. L'ambition avoit seule formé ces nœuds, la tendresse ne les embellit point ; un divorce les rompit au bout d'une année. Parmi ce qu'on rapporte des mauvais traitemens que Jezzar fit subir à sa femme pendant cette année de mariage, on dit que l'ayant un jour rencontrée dans la maison, avec des patins arabes à ses pieds, il tira un pistolet de sa ceinture et fit feu sur elle, en disant : « Te crois-tu la « femme d'un paysan d'Arabie ? As-tu ou- « blié que tu étois celle d'un pacha ? »

Jezzar ne conserva que peu d'années ce pouvoir dont l'injustice l'avoit mis en possession, et dont l'oppression et la cruauté avoient signalé tous les instans ; mais on calcule que pendant ce court intervalle, il extorqua à la ville de Damas, vingt-cinq mille bourses, c'est-à-dire environ douze cent mille livres sterling, et qu'il fit mettre à mort près de quatre cents personnes, innocentes pour la plupart. Enfin comme on commençoit à le soupçonner de desseins dangereux, que sa qualité de chef de la caravane de la Mecke pouvoit le mettre à portée d'exécuter, ses ennemis profitant de ses fautes, parvinrent à le faire déposséder de son Gouvernement. Il quitta Damas, où les visages mutilés d'un grand nombre de citoyens présentent encore les preuves de sa cruauté. Il se retira dans son premier pachalik d'Acre et de Seïde, où il est encore, et qu'il gouverne depuis plus de vingt-sept ans, en y comprenant le peu de tems pendant lequel il a joui de celui de Damas.

Jezzar a été remplacé dans ce pachalik par Abdallah dont nous avons déja loué la parfaite et singulière équité, mais à qui l'on reproche une honteuse timidité et peut-être trop peu de conduite dans l'administration des revenus publics. Sous le Gouvernement vigoureux de Jezzar, la caravane sacrée poursuivoit et achevoit sa route sans obstacle; et celle de l'année dont je parle a non-seulement trouvé les réservoirs d'eau détruits pour la plupart, ou du moins tellement endommagés, que plusieurs chameaux sont morts de soif, mais elle a eu de plus à souffrir les insultes des arabes excités probablement par l'artificieux et vindicatif Jezzar. Abdallah a cependant trouvé moyen, par ses largesses, de conjurer l'orage qui menaçoit de le priver de son emploi.

Je n'ai pas vu que dans la province de Damas on levât d'impôts sur aucune espèce de denrées. L'impôt territorial et la capitation que payent les chrétiens, composent les seules rentrées fixes. Vient ensuite le casuel ; ce sont les amendes, et les *avanias* ou exactions arbitraires. Le *miri*, c'est ainsi qu'on nomme le revenu public, peut monter, pour Damas, à dix mille bourses, c'est-à-dire cinq cent mille livres sterling.

La viande se vend maintenant à Damas trente-six paras le rotal, c'est-à-dire quatre sous sterling la livre. On achète pour un para, assez de pain pour suffire au repas de quatre personnes. Ce pain est très-bon et très-blanc, sur-tout quand l'aga des janissaires, chargé de surveiller les boulangers, se trouve par hasard absent de la ville. Le meilleur raisin n'y coûte pas plus de trois ou quatre paras le rotal. Le poisson de rivière y est à bas prix, mais pas très-bon. Le lait, le beurre, le fromage s'y vendent à très-bon marché. Le mont Liban est rempli d'oiseaux sauvages. Pour cinq paras on a, dans la saison, une couple de perdrix. La volaille ne coûte pas plus de quatre ou cinq paras la pièce; et une paire de pigeons le même prix.

On attribue à l'air de Damas une vertu puissante contre la lèpre (1). Le résultat du moins des recherches que je me suis vu à portée de faire, c'est que lorsque la maladie n'est pas avancée, l'air de Damas, aussi long-tems qu'on le respire, en arrête absolument les progrès.

Les dépenses occasionnées par la caravane sacrée, dans son trajet de Damas à la Mecke, se montoient autrefois à quatre mille cinq cents bourses, et elles ont augmenté depuis quelque tems. Le pacha emporte en outre mille bourses pour son usage particulier. Jezzar avoit coutume d'en emporter deux mille, qu'il employoit à acheter du café, sur lequel il étoit sûr de retrouver, en le vendant, un avantage considérable. Les quatre mille cinq cents bourses sont prélevées sur le trésor impérial (2), et le pacha est rendu responsable

(1) *Borras.*
(2) *Chasné.*

de la sureté de la caravane. Le senjiak scheriff, ou étendard de Mahomet, lui est remis par le gouverneur du château, auquel il en donne, devant témoins, une décharge par écrit, s'engageant solemnellement à le rapporter. On observe les mêmes formes pour le remettre à sa place. Lorsque le pacha est près de rentrer dans la ville, on dépêche à Constantinople un messager qui est obligé de faire la route en vingt-cinq jours. Il porte avec lui de l'eau du fameux puits de Zim-Zim, près la Mecke, et quelques dattes de Médine, que l'on offre au sultan dans la mosquée. C'est après cette cérémonie que le visir lui présente la liste des pachas pour l'année suivante. S'il en est dans le nombre quelqu'un que le sultan veuille rejeter, il fait une marque à son nom, et quand la liste est approuvée, l'on expédie les firmans.

CHAPITRE XXVI.

Route de Damas à Balbec. — Langue syriaque. — Balbec. — Nouvelles découvertes. — Zahhlé. — Imprimerie. — Maisons de Damas. — Retour à Alep.

Le jeudi 16 août 1797, je partis de Damas, accompagné seulement de celui qui m'avoit loué un mulet, pour me rendre à Balbec, ou Héliopolis. Nous nous arrêtâmes au couvent de *Seidnaia*, qui domine la ville de Damas et toute la plaine. La vue en est très-belle. Le pays que je traversai dans ma route est tapissé de vignes et de figuiers. Les vins ont moins de corps et de saveur que ceux de Kasrawan, mais on les regarde comme plus salutaires à l'estomac.

Après *Seidnaia* je trouvai *Maloula*, village situé dans la montagne, et où l'on voit un couvent, bâti, dit-on, du tems de Justinien. Nous poursuivîmes ensuite notre route par *Yebroud*, autrefois *Jabrouda*, placé sur l'endroit le plus élevé de la montagne, dans une situation romantique. Les habitans en sont, pour la plupart, mahométans. J'y rencontrai un évêque grec qui alloit dans les environs de Balbec. Je lui trouvai de l'esprit et le goût des sciences. Nous fîmes route ensemble jusqu'à Balbec.

Nous arrivâmes bientôt à Mara, petite ville située au nord de la route. Une singularité assez remarquable, c'est que dans cette ville ainsi qu'à Maloula, la langue syriaque se conserve de père en fils sans le secours d'aucun livre. J'observai que mes muletiers entr'eux parloient beaucoup plus volontiers cette langue que la langue arabe à laquelle au reste elle ressemble beaucoup par les inflexions.

Nous passâmes le 19 au pied du *Dahr-el-Chour* qui passe pour la plus haute des montagnes de l'anti-Liban. Le lendemain nous nous mîmes en route quatre heures et demie avant la nuit, mais nos muletiers nous égarèrent tellement, que nous fûmes obligés d'attendre le lever du soleil en plein air ; et pénétrés du froid de ces montagnes, qui se faisoit sentir particulièrement à nos mains et à nos pieds, nous arrivâmes à Balbec vers l'heure de midi, après avoir descendu pendant trois heures dans un ravin profond, sans trouver aucune route que des passages très difficiles et souvent escarpés.

On voit très bien de ces hauteurs la ville de Balbec.

Nous passâmes la nuit sous des noyers au nord du château, non sans quelques précautions contre les attaques des *metaouelis*. Ce sont des mahometans de la secte d'Ali. Leur tribu étoit autrefois aussi puissante que sanguinaire ; et quoique leurs brigandages aient été fort réprimés par les soins de Jezzar, ils ne laissent pas de se rendre encore redoutables aux voyageurs.

Je ne puis rien ajouter à ce qu'on connoît sur les antiquités de Balbec. *Zahhlé* que nous visitâmes ensuite, est une jolie ville, située au milieu des montagnes. Le peuplier d'Italie croît en abondance dans les environs. Je causai à *Zahhlé* avec un jeune druse qui m'apprit qu'en fouillant la terre deux ou trois ans auparavant, on avoit trouvé près de Balbec une espèce de voûte, sous laquelle étoit enseveli le corps d'un homme ayant dans sa bouche une pièce d'or sans empreinte, et à côté de lui, plusieurs lames de plomb couvertes de caractères inconnus aux gens du pays. On vendit ces lames, et elles ont été fondues. On avoit découvert dans un autre endroit une petite statue parfaitement conservée, mais je ne pus jamais savoir ce qu'elle étoit devenue. *Zahhlé* est grande et presqu'entièrement habitée par des chrétiens. Elle peut fournir sept cents hommes en état de porter les armes. La ville est divisée en cinq districts, dont chacun est gouverné par un scheik particulier. Tributaire de l'émir des druses, les habitans de Zahhlé accusent leur gouvernement de les tenir dans l'oppression; et en effet, l'état où sont réduits et la ville et les environs, donne tout lieu de croire que ces plaintes ne sont pas sans fondement. Les montagnes mettent le territoire de Zahhlé à l'abri des vents dangereux pour les fruits de la terre, mais les sauterelles y causent les plus grands dégâts. La culture du pays consiste principalement en tabac; les champs y sont arrosés par un ruisseau qui descend des rochers, et fait tourner plusieurs moulins. L'air y est bon, et jamais excessivement chaud.

Je vis auprès de Zahhlé ce qu'on appelle le tombeau de Noë; c'est un édifice qui paroît avoir fait partie d'un aqueduc. Il est long d'environ soixante pieds, taille que toutes les traditions orientales attribuent à ce patriarche. La dévotion attiroit autrefois un grand nombre de pélerins à la mosquée qui l'avoisine, et dont le revenu s'élève, dit-on, à trois cents bourses par an.

Le peuple des montagnes est remarquable par un air de santé qu'on ne voit point à celui des villes. Il croit encore à la magie, et l'on porte souvent devant l'évêque des accusations de sortilège tendant à inspirer l'amour, ou à faire naître l'aversion.

Nulle part, la haine produite par les querelles de religion, ne se manifeste avec plus de fureur que dans ces cantons, partagés entre les catholiques et les chrétiens grecs.

Après deux jours de route, le long de la montagne, et par des sentiers difficiles, nous arrivâmes au couvent de St. Jean. C'est dans ce couvent qu'est établie l'imprimerie. On n'y imprime que des ouvrages arabes, et vû la cherté du papier, et la nullité du débit des livres, les presses en sont actuellement arrêtées.

Je revins à Damas par Zibdané, où je vis une porte d'architecture grecque. Je traversai aussi une vallée fertile, arrosée par le Baradi, autrefois le Chrysorrhoas.

Il croît autour de Damas une telle quantité d'arbres fruitiers, que ce qu'il en meurt annuellement suffit abondamment pour le chauffage de la ville. On s'en sert aussi comme bois de charpente, ainsi que du noyer et du peuplier d'Italie. Les maisons de Damas sont très grandes et très commodes. Toutes reçoivent par des conduits autant d'eau qu'il leur est nécessaire ; il en est plusieurs dont l'ameublement peut s'estimer de cent à cinq cents bourses, c'est-à-dire de cinq mille à vingt-cinq mille livres sterling. Cet ameublement consiste en divans, ou grands sofas des plus riches étoffes de soie brodées de perles, en tapis de perse, miroirs, etc.

Les habitans de Damas mangent d'une espèce de solanum, appelé *melingana*, et qui est si fort en usage parmi eux, qu'on estime à cinquante quintaux la consommation journalière de la ville.

Le 7 octobre 1797, nous partîmes de Damas pour retourner à Alep, où nous arrivâmes après un trajet de douze jours, pendant lesquels nous ne rencontrâmes presque pas de ville ou de village qui n'eût son marché, ce qui nous épargna le soin des provisions pour la route. Les caravanserais tombent tous en ruines.

A mon retour à Alep je visitai le château, et fus étonné, vu la population de la ville, de n'y trouver en tout que dix-huit prisonniers, dont huit pour dettes, et le reste enfermé par suite des démêlés qui avoient eu lieu entre les schérifs et les janissaires. Dans aucun des pays soumis à la Porte il n'est permis de retenir le débiteur plus d'un mois. Cet espace de tems, disent les docteurs de la loi mahométane, suffit pour faire découvrir s'il a une propriété, et s'il n'en a pas il seroit injuste de le retenir dans les fers; mais on trouve des moyens d'éluder ce règlement. Celui, par exemple, à qui l'on doit quatre mille piastres n'en réclamera d'abord que cinq cents, et recommencera ses poursuites à la fin du mois pour une somme pareille, et ainsi de suite jusqu'à ce que le tout soit entièrement payé, ou que le débiteur ait demeuré en prison autant de mois qu'on lui a fait de demandes différentes.

CHAPITRE XXVII.

Voyage d'Alep à Constantinople.— La route.—Aintab. — Mont Taurus. — Bostan. — Manières et habillemens de ses habitans.—Kaisaria. — Angora. — Ses murailles et ses antiquités. — Chèvres d'Angora. — Objets d'industrie. — Topographie. — Voyage à Ismit. — Topographie. — Observations générales concernant la Natolie ou Asie mineure.

Je quittai Alep le 21 octobre 1797, pour me rendre à Constantinople à travers la Natolie. J'avois un cheval pour moi, et un autre pour un domestique arménien qui m'accompagnoit. La caravane dont je faisois partie étoit suivie de soixante-dix mulets qui portoient les marchandises. La route directe est par Beilan, Adene, Konie, Koutahia et Boursa; mais comme Kutchuk Ali, pacha de Beilan, étoit alors en révolte contre le grand-seigneur, nous fûmes obligés de nous détourner un peu vers le nord-est, et de prendre par Aintab, Kaisaria et Angora.

Le pays d'Alep à Aintab est bien arrosé; et quoique le terroir en soit un peu pierreux, il est susceptible d'une triple culture.

Nous arrivâmes le 30 à Aintab, grande ville dont les habitans sont partie mahométans, partie chrétiens grecs et arméniens. Aintab a une forteresse, avec une garnison de janissaires. C'est ici que la langue turque commence à devenir l'idiôme courant. Le principal commerce de la ville consiste en cuirs non préparés, et en peaux de chèvres teintes en rouge et en jaune, comme celles que l'on nomme maroquins. La pierre y est à bon marché, et les maisons en sont toutes bâties. La ville contient cinq mosquées principales, et quelques-unes des rues sont arrosées par des courans d'eau. L'air y est très-sain. On voit au midi un vaste cimetière, qui de loin présente l'aspect d'un faubourg très étendu. Le château est au nord, et bâti sur une éminence artificielle qui paroît l'élever au niveau de celui d'Alep. La ville est dominée par plusieurs collines. Celui qui la gouverne a le titre de *Mitsellim*, et est nommé par la cour de Constantinople. Les schérifs et les janissaires y vivent de même qu'à Alep dans la plus grande mésintelligence. Outre les cuirs dont nous avons parlé, Aintab a beaucoup de coton qui se recueille dans ses environs, et se consomme dans l'intérieur de la ville. Elle a des laines qu'on teint en diverses couleurs, et dont on fait des espèces de vêtemens qui se vendent au-dehors. Elle fournit aussi une sorte de confection nommée *dips*, faite avec des amandes et le marc de la vendange.

Après plusieurs jours de route nous traversâmes le mont Taurus connu à présent sous le nom de Kurûn. Nous employâmes trois jours tant à le monter qu'à le descendre. C'est une chaîne de hautes montagnes couvertes de rochers, et qui s'étendent de l'est à l'ouest. Leurs habitans sont, pour la plupart, des kourdes. Les turcomans, ainsi que nous l'avons déja dit, viennent s'y retirer lorsqu'ils s'éloignent des plaines d'Antioche au commencement de l'été. Des cèdres remarquables par leur taille et leur vieillesse occupent ici des milliers d'acres de terrain. Le savinier, le genevrier ombragent quelques-uns des sommets de ces montagnes. Les cèdres y parfument l'atmosphère d'une odeur délicieuse. L'air étoit excessivement froid sur les montagnes. Lorsqu'un de nous vouloit se chauffer, on allumoit quelques-unes des feuilles sèches d'un arbre mort ; le feu se communiquoit aux branches et consumoit bientôt l'arbre entier. Le fond de ces montagnes est en général composé de tuf, quelques-unes sont coupées de ruisseaux rapides dont l'eau est extrêmement claire.

En commençant à escalader le mont Taurus, nous vîmes vers la droite plusieurs chemins, dont l'un conduit à Tokat, lieu connu par ses riches mines de cuivre qui rendent au grand-seigneur un revenu considérable.

De l'autre côté du mont Taurus on trouve la vaste plaine de Bostan. Cette plaine fertile est entourée de montagnes, et arrosée par la rivière, connue autrefois sous le nom de Sarus.

Bostan est une assez petite ville, et n'offre rien qui vaille la peine d'être remarqué. C'est là que je vis, pour la première fois, depuis mon séjour en Asie, de petits charriots à deux roues, tirés par deux bœufs. Les roues de ces charriots sont pleines et fixées sur un axe qui tourne en même-tems, ce qui rend leur marche extrêmement bruyante. Le marché de Bostan est mal approvisionné. Les habitans de la ville, ainsi que ceux du reste de la Natolie, forment par leurs manières, un contraste frappant avec la politesse des peuples de Syrie. Ils fixoient sur nous des regards d'une curiosité stupide, et nous abordoient sans ces formules de civilité en usage parmi les arabes. Leur habillement le plus ordinaire est une jaquette fort courte. Leurs turbans sont ornés de franges. Leurs femmes ont le teint blanc et l'air de la santé. Elles portent sur la tête, pour se garantir du soleil et de la pluie, de grands morceaux de metal, à-peu-près dans la forme d'un plat, qu'elles assujétissent au moyen de rubans attachés sous le menton. Les riches les ont en argent, et les autres en cuivre. Elles sont absolument dépourvues de grâces dans leurs personnes et dans leurs mouvemens ; on ne retrouve point en elles ces manières voluptueuses (1), qui distinguent les femmes d'Egypte et de Syrie.

De Bostan à Kaisaria le pays est uni, mais mal peuplé et mal cultivé. On voit cependant autour de cette dernière ville quelques campagnes assez fertiles, arrosées par la rivière de *Yermok*, que nous avions déja traversée à une journée de Kaisaria, du côté du midi. Les environs de Kaisaria sont couverts de peupliers d'Italie.

Kaisaria se fait aisément distinguer de

(1) *Motus jonici.*

loin par sa situation près de deux collines, l'une à l'ouest et l'autre au midi. La première est fort haute, et lorsque je la vis elle se trouvoit couverte de neige. La seconde, moins élevée, est ronde et absolument isolée. La ville est située sur le côté méridional d'une plaine fertile et bien arrosée par le Yermok et quelques filets d'eaux. Elle contient un assez grand nombre d'habitans. Dans le tems où j'y arrivai, ils étoient tous occupés à labourer les terres. Je vis, en entrant dans la ville, une grande quantité de chameaux velus, grands et forts, tels que ceux que l'on trouve dans la Turcomanie. Le buffle noir, pareil à celui d'Egypte, y est aussi très-commun. Kaisaria est sous le gouvernement d'un *mitsellim* envoyé par la Porte. La ville appartient au Reis Effendi. Ses murs sont dans le plus mauvais état. Des montagnes on y charrie beaucoup de bois de charpente, qui se transporte ensuite en différens endroits.

Angora est à huit journées de marche au nord-ouest de Kaisaria. Le quatrième jour de notre route, nous traversâmes une plaine arrosée, c'est-à-dire inondée par la rivière de

Tumm. Le huitième nous passâmes un pont élevé sur un des bras du Halys, qui en cet endroit sort du milieu de plusieurs rochers escarpés. Le courant me parut rapide, mais peu profond. On rencontre sur la route quelques collines, mais le pays est en général assez uni.

Ce fut le 22 novembre, deux heures avant le coucher du soleil, que nous atteignîmes la ville d'Angora, placée sur une éminence. Cette ville frappe la vue d'assez loin, par l'agrément de sa situation. Elle est traversée par une petite rivière. Le château est très-ancien, et sa position sur un rocher coupé à pic, a pu autrefois le faire passer pour imprenable. Ses ouvrages extérieurs s'étendent fort loin et occupent toute la hauteur.

La ville étoit autrefois environnée d'un mur solide, qui paroît même avoir été double en quelques endroits; on y retrouve aussi des traces d'un fossé. Je passai par trois portes différentes. On me dit qu'il y en avoit encore trois ou quatre autres. Sur deux de celles que je traversai je vis quelques fragmens d'inscriptions grecques. On me parla d'un amphithéâtre dont on trouve quelques restes au nord-ouest de la ville.

Différentes circonstances m'empêchèrent de l'aller voir.

On voit dans la ville les débris d'un superbe palais, élevé du tems d'Auguste; son architecture est d'ordre corinthien. Une partie des inscriptions s'y est bien conservée et à la louange d'Auguste.

Les pierres qui ont servi à bâtir les murailles d'Angora sont très-dures et d'un excellente qualité. La ville a dû être forte, et d'autant plus difficile à prendre qu'elle n'est commandée par aucune hauteur. Le marché d'Angora est très-bien approvisionné, surtout en miel et en excellent pain. Le peuple de cette ville est le plus poli que j'aie rencontré dans toute la Natolie.

Le principal commerce d'Angora consiste en laine filée, avec laquelle on fait ce qu'on appelle le ras de Châlons, et une étoffe fabriquée à Angora même, dont on me dit qu'il se faisoit tous les ans de quinze à vingt mille pièces chacune de trente coudées de stamboul (1), c'est-à-dire d'environ vingt-deux verges. On prétend que la race des chèvres d'Angora commence à dégénérer. Le pays forme cependant de si vastes pâturages

(1) C'est la coudée de Constantinople.

qu'on pourroit facilement y augmenter le nombre des troupeaux. Chaque chèvre rapporte tousles ans, l'une dans l'autre, la valeur de deux à trois cents drachmes de poil. On emploie non-seulement le poil du ventre, mais celui de tout le corps. On tond les chèvres une fois par an et les brebis deux fois. La laine des brebis est remarquablement belle et longue. On m'a assuré qu'on avoit fait à Angora des schals de poil de chèvre, égaux pour la qualité, à ceux de Cachemire et aussi grands. Le schal revient à cent piastres à celui qui le fait fabriquer ; mais les ouvriers d'Angora ne sont pas assez industrieux pour travailler des fleurs dans le tissu. On faisoit aussi à Angora de bons draps, mais cette sorte de fabrique est tombée, faute d'encouragement. Quant aux étoffes pareilles à ce que nous appelons ras de Châlons, les ouvriers d'Angora les feroient assez bien sans le réglement positif qui les oblige à mettre en double le fil dont ils composent leur tissu. Les meilleures étoffes d'Angora, reviennent à l'ouvrier, à environ soixante-dix *paras* la coudée, ce qui fait deux mille pour la pièce ; c'est-à-dire 3 l. 10 s. ou 3 l. 15 s. sterling. Je dois observer qu'il n'entre point de laine dans les camelots d'Angora. Cette ville fait un commerce de cire, et dans toute cette partie de la Natolie on cultive beaucoup d'*opium*.

Les chats d'Angora appartiennent uniquement au même canton que les chèvres dont je viens de parler; ce qui surprend d'autant plus, que le terrain de ce canton, composé d'une marne rouge, très-belle, n'y offre rien d'assez remarquable, non plus que la nature de l'air et du site, pour expliquer la différence extrême qui se trouve entre les deux races d'animaux qu'il produit, et ceux qu'on rencontre dans tout le reste de l'Orient.

Je n'ai été frappé de la propreté d'aucune autre ville, autant que de celle d'Angora. Les rues y sont pavées de larges morceaux de granit, mais sans trottoir.

La cire qu'on recueille dans les environs, s'élève à la valeur de deux mille piastres par an. On en consomme un quart dans la ville. Angora n'est environné que de montagnes; mais les jardins qui bordent la ville lui fournissent beaucoup de fruits, et principalement des poires excellentes, dont on envoie des présens à Constantinople. Ils produisent aussi des légumes nourrissans, en quantité suffisante pour la consommation. On fait venir le bled d'ailleurs, parce qu'il est plus profitable d'employer les terres en pâturages pour les chèvres.

Le 16 novembre 1797, nous partîmes pour Ismît ou Nikmid, ville maritime, à dix journées d'Angora. C'est l'ancienne Nicomédie. Le premier jour de notre voyage, nous côtoyâmes la rivière d'Angora qui coule à travers la plaine en allant vers le nord. Deux jours après, nous rencontrâmes cinquante chameaux chargés de terre à foulon pour les fabricans d'Angora. Le 30 novembre je passai près d'une colline, dont le flanc présentoit une variété de couches vraiment curieuses. Une profondeur de huit pieds m'en offrit jusqu'a neuf ou dix. La plus épaisse étoit d'une pierre grise craïeuse ; puis venoit une autre un peu moins considérable de terre rouge ou de marne, puis alternativement de la craie et de la marne par couches de quatre pouces d'épaisseur. La surface de la colline étoit de gravier.

Le 7 décembre, nous partîmes de Kostabec, trois heures avant le lever du soleil, et n'atteignîmes Tourbali que vers une heure après midi. Pour se faire une idée du pays que nous traversâmes, il faut se représenter une forêt de chênes et de pins croissant de tous côtés sur des rochers. Nous voyageâmes presque tout le jour le long de la vallée, et vers neuf heures et demie du soir, nous gravîmes le mont Olympe dont nous avions déja traversé une partie pour arriver à Tourbali. De cette montagne sortent plusieurs ruisseaux qui se dirigent partie vers le nord, partie vers le sud. La rivière d'Angora y prend aussi sa source, ce qui peut faire juger de l'élévation de la montagne en cet endroit.

Après Angora on trouve du raisin presque par-tout ; mais depuis mon départ de Damas je n'en avois pas goûté de meilleur que celui de Teraoli. Il est blanc et d'un goût exquis. Les grappes en sont quelquefois très-grosses.

Le 5 décembre, après avoir passé la Yeyoua, nous arrivâmes à un beau pont assez long, élevé sur la *Sakaria*, rivière forte et rapide qui va se jetter dans la mer Noire. On arrive à Ismît par un autre pont aussi très-prolongé et construit sur des marais. Ismît est une grande ville bâti sur le flanc d'une colline située à l'est de la plaine. Les montagnes qui l'avoisinent sont fort hautes et se font remarquer de loin. La ville est pavée, mais mal-propre. Les maisons y sont construites en bois, et pour la plupart accompagnées de jardins. Le khan est bien tenu, mais petit. On ne trouve à Ismît que peu d'antiquités. Nombre de grecs habitent cette ville.

Nous quittâmes Ismît le 7, et après avoir suivi la côte jusqu'à Scutari, où nous arrivâmes le 9, nous nous embarquâmes aussitôt pour Constantinople.

Mon passage dans la Natolie ne m'a fourni que peu d'observations sur l'ensemble de cette province. Ce que j'en ai traversé présente au total l'aspect d'un pays peu cultivé, des sites agrestes et des solitudes romantiques (1). La nature du sol

(1) Dans toute la Syrie et toute la Natolie, sous prétexte de pourvoir à l'entretien et à la sureté des routes, on exige des voyageurs une espèce de droit de passe désigné sous le nom de *ghafar*. Tout chrétien des états du grand-seigneur est taxé à une somme déterminée, et même un firman ou permission de route ne met guère l'européen qui voyage à l'abri de cet impôt que le mahométan paie à sa volonté, ou point du tout, si cela lui convient.

En Syrie, où la quotité de ce droit est quelquefois très-considérable, les chemins ne sont nullement entretenus, et le voyageur n'y trouve d'autre défense contre

varie selon la différence des lieux, mais il est communément argileux. On n'y recueille guère que du froment, de l'orge et du grand millet (1). Toute la Natolie est infestée par des hordes de kourdes et de turcomans. Les mendians y sont aussi en grand nombre, et le peu de sureté qu'on y peut espérer, est uniquement dû à la supériorité de forces et de rapacité de quelques pachas, qui ne veulent souffrir de brigandages que ceux qu'ils exercent. Les progrès de la dépopulation y suivent une marche égale, non interrompue, telle enfin qu'elle doit résulter du plus détestable Gouvernement dont on puisse se former une idée.

les voleurs qu'une habitude de précaution qui remonte à un tems immémorial. Dans la Natolie, pays entrecoupé de bois, la taxe est fixée à une somme plus raisonnable, et du moins le voyageur dépouillé peut exercer quelque recours contre celui qui est chargé de la recueillir.

(1) *Holcus arundinaceus.*

CHAPITRE XXVIII.

Séjour à Constantinople — Paswan-Oglow. — Caractère du sultan actuel. — Sciences. — Bibliothèques publiques. — Exemple du goût des turcs. — Prisons. — Imprimerie grecque. — Marine. — Retour en Angleterre.

Lorsque j'arrivai à Constantinople, j'y trouvai une alarme générale occasionnée par les progrès du rebelle *Paswan-Oglow*, pacha de Widdin. D'abord, aga à Widdin, c'est-à-dire, commandant de la ville et chef des janissaires, il avoit su y former contre le pacha un parti considérable, composé des plus riches et des principaux habitans que celui-ci avoit mécontentés par sa conduite. A force d'intrigues, à force d'empiéter sur l'autorité du pacha par des contestations accumulées, Paswan-Oglow parvint à usurper sa place. Après la dernière guerre de Russie, la Porte, dans un pressant besoin d'argent, eut recours, pour s'en procurer, à des moyens dont la nouveauté devoit élever des murmures. On taxa, pour la première fois, les objets de consommation, tels que le vin et les grains. Paswan-Oglow profita des mécontentemens excités par cette mesure, et devenu plus puissant prétendit hautement qu'il réformeroit de pareils abus.

Fidèle à son ancienne pratique de substituer des marques de satisfaction à la punition qu'il lui seroit trop difficile d'effectuer, de charger d'honneurs la tête qu'elle voudroit abattre, la Porte confirma Paswan-Oglow dans son pachalik. Les forces de ce rebelle ne composoient d'abord qu'environ quatre ou cinq mille hommes, mais par l'affluence des mécontens qui se joignoient journellement à lui, il se voyoit, au moment dont je parle, à la tête de quinze mille partisans, tous gens déterminés, et auxquels il avoit su inspirer une sorte de fanatisme. C'étoient pour la plupart des janissaires de la Romélie, indignés qu'on eût laissé sans récompense la brillante valeur qu'ils avoient signalée contre les autrichiens, et jaloux des encouragemens qu'on avoit donnés à un corps de fusiliers nouvellement formé et dont l'établissement blessoit tous leurs anciens préjugés.

Consulté sur les moyens à prendre pour réprimer la rébellion, l'aga des janissaires de Constantinople répondit qu'il étoit fort à craindre que les janissaires de la capitale ne se joignissent à leurs camarades. Le divan s'assembla dans la plus grande perplexité; on ne savoit que résoudre, lorsque le capitan-pacha Hussein s'écria : « Rien ne doit être « plus aisé que d'écraser ce rebelle ». On lui demanda si la chose étoit si facile, pourquoi il ne s'en chargeoit pas. « Donnez-m'en « les moyens, répliqua-t-il, et je me charge « de l'entreprise ». Il fut nommé en conséquence pour marcher contre Paswan-Oglow, et on lui fournit des hommes et de l'argent en abondance.

Hussein prit, au lieu des janissaires, les timariots, autre espèce de troupes, fournies par les villes d'Asie, tributaires du grand-seigneur. Avant que je quittasse la Turquie, les troupes impériales et celles de Paswan-Oglow s'étoient déja mesurées dans un léger escarmouche. On estimoit à cent cinquante mille hommes le nombre des forces envoyées contre Widdin. Hors d'état de tenir la campagne devant une pareille multitude, Paswan-Oglow s'étoit retranché dans cette ville. On a depuis, suffisamment entendu parler de ses succès et du progrès de ses armes.

Un nouveau genre de milice vient de s'établir par les ordres du sultan actuel. Voyant que, dans la dernière guerre, ses armées ne pouvoient tenir contre les troupes russes, il a mis sur pied un corps d'environ mille hommes d'infanterie réglée. Leurs habits sont beaucoup plus serrés que ceux des autres soldats ; leurs armes sont fournies par le Gouvernement (1). Les français à qui le sultan a eu recours dans cette occasion, ont envoyé quelques-uns de leurs officiers surnuméraires pour former ces nouvelles troupes. Ils ont aussi aidé les turcs à fondre en bronze un grand nombre de pièces de campagne et de canons de siège, ainsi que quelques pièces d'artillerie légère.

Le sultan actuel (2) ne manque pas de discernement ; le bonheur de son peuple fait même l'objet de ses desirs ; mais par une suite de l'éducation défectueuse que reçoivent ses pareils, il se livre à son impétuosité naturelle ; et peu versé dans la connoissance des hommes, souvent avec des intentions droites, il choisit des moyens peu adaptés à la fin qu'il se propose, et que des préjugés à

(1) C'est un mousquet avec une baïonnette.
(2) *Sélim III.*

combattre lui permettent rarement d'obtenir.

Après avoir formé les réglemens de police de sa capitale, le sultan Sélim a tourné ses vues bienfaisantes du côté de l'encouragement à donner aux sciences dans ses états. Il y a rétabli l'école de mathématiques. Mais l'art de diriger les esprits lui est inconnu. Il a cru qu'il suffiroit d'un ordre pour créer le génie, et d'une pension pour faire éclore les talens; en sorte qu'on ne remarque pas beaucoup de progrès dans les jeunes mathématiciens de Constantinople.

Le sultan a aussi relevé l'imprimerie; et tandis que j'étois dans ses états, un arménien, très-intelligent, faisoit fondre de nouveaux caractères arabes. Ce qu'il faut savoir maintenant, c'est à quel point l'amélioration des caractères pourra servir parmi les turcs aux progrès des lumières et des connoissances utiles. Le premier livre que la cour ait donné ordre d'imprimer, est un dictionnaire persan. Elle entretient aussi un graveur en cuivre chargé de différens ouvrages, tels que la sphère armillaire, quelques plans de fortifications, des boussoles, etc.

Les turcs ne prennent jamais que de demi-mesures. L'école de mathématiques et de marine, par exemple, est un bâtiment solide et commodément arrangé, il n'y manque que des instrumens et des livres. Les écoles ordinaires sont en petit nombre, et quelquefois les étudians ne s'y rendent pas du tout; mais pourvu que les professeurs y viennent fumer leur pipe, on est content, et l'on croit avoir rempli le but de l'institution.

Constantinople renferme plusieurs *kuttub-chans* ou bibliothèques publiques; on y remarque sur-tout celle de Sainte-Sophie, et celle qu'on distingue sous le nom de Solimanie Jamasy; mais la plus admirée pour le goût et l'élégance, est celle qui doit son établissement à Raghib-Pacha, qui avoit été d'abord grand-visir, et qui finit par payer de sa tête la gloire bien due à ses vertus et à des institutions dont la magnificence avoit excité l'envie du sultan qui régnoit alors. Le bâtiment de cette dernière bibliothèque est situé au milieu d'une cour de marbre, de forme carrée, suffisamment spacieuse et proprement tenue. Au centre de l'édifice s'élève le tombeau qui contient les restes de Raghib. Il est fort grand et orné de bronzes dorés. Autour de la salle sont rangés des livres en grand nombre et sur tous les sujets, mais principalement sur la théologie. La bibliothèque est fournie en outre de sièges commodes, de riches tapis, et de coussins à l'usage de ceux qui viennent y lire. On y trouve toujours un bibliothécaire. La salle est très-claire, et la plus grande tranquillité règne à l'entour. Je n'ai jamais vu d'établissement plus parfait dans son genre. L'édifice s'élève de sept ou huit marches au-dessus du niveau de la cour. De l'autre côté de la rue est une école fondée par le même pacha. C'est un bâtiment long de trente-cinq pieds, et large en proportion, où une centaine d'enfans mâles apprennent à lire, à écrire, et s'instruisent des premiers préceptes de leur religion. Il n'y a qu'une seule classe, qui tient trois heures le matin, et deux l'après-midi.

J'ai vu un mahométan, natif de Balk, qui expliquoit les six premiers livres d'Euclide. Cet ouvrage a été traduit en langue turque, par un jeune anglais qui a embrassé l'islamisme, et vient de s'établir à Constantinople. Ce même anglais a publié des éphémérides, et, depuis, encouragé par le Gouvernement, il a ouvert un cours de mathématiques. On trouve à Constantinople un grand nombre de scribes, écrivant très-bien et très-correctement.

Le goût des turcs ne m'a pas semblé se former beaucoup. Par exemple, une des sœurs du sultan actuel vient de se faire bâtir, sur le bosphore, une maison de campagne, moitié à l'européenne, moitié à la chinoise.

On voit à Constantinople une sorte de marché fort grand, où se vendent les livres. Les boutiques y sont nombreuses et très-bien fournies.

A quatre heures de chemin de Constantinople, en venant du côté de l'Europe, on trouve des mines de charbon de terre. Un officier au service de la Porte avoit, ainsi que je l'ai su de lui-même, obtenu dans l'origine, le privilège exclusif de les exploiter. Il envoyoit son charbon dans la Krimée ; mais comme depuis on en a découvert de meilleur dans ce pays, et que d'ailleurs le privilège lui a été retiré assez promptement, les travaux d'abord rallentis se sont enfin trouvés entièrement suspendus. D'ailleurs le sable qui, par la nature du terrain, tomboit continuellement dans la mine, en rendoit l'exploitation difficile. Celui qui l'avoit entreprise m'a dit qu'il vendoit son charbon, à Constantinople, un para l'oke.

J'allai voir une imprimerie grecque, dirigée par un arménien ; on y mettoit alors sous presse une courte exhortation en langue grecque, où le patriarche de Jérusalem, Anthinus, s'élevoit contre les principes de déisme et d'athéisme qui commençoient à dominer. Il sort de cette imprimerie environ mille feuilles par jour.

Lebrun et quelques autres constructeurs français ont fort amélioré la marine turque. Le 2 avril 1798, il y avoit à l'ancre dans le bosphore, huit vaisseaux de ligne, dont trois de soixante-quatorze canons, quatre de cinquante et un de quarante. Les forces navales du grand-seigneur s'élèvent en tout à quinze gros bâtimens en état de servir.

Les femmes turques ont emprunté des européennes, la mode de se promener en voiture lorsqu'il fait beau, tout autour d'une grande place ; mais leurs voitures sont de petits charriots garnis de jalousies, et dans lesquels elles ne vont que voilées ; elles perdent ainsi la plus belle partie d'une semblable récréation, « le suprême plaisir « de se faire voir. »

Pour terminer mes remarques sur Constantinople, j'observerai qu'entre cette ville et celle d'Andrinople, le pays est absolument plat, et qu'ainsi, rien du côté de la terre ne défendroit la capitale de l'empire, des efforts d'une armée victorieuse. Du côté de la mer, outre les forts qui la protègent, l'incertitude des vents et celle des courants se réunissent pour la mettre au moins à l'abri d'une attaque imprévue.

De Constantinople je pris ma route à travers la Valachie; je passai ensuite par Vienne, Prague, Dresde, Leipsick, Potzdam, Berlin; je gagnai Hambourg, d'où je partis pour l'Angleterre; et après une absence de près de sept années, je me trouvai à Londres le 16 de septembre 1798.

CHAPITRE XXIX.

Mœurs des orientaux et des européens comparées entre elles relativement à l'influence qu'elles peuvent exercer sur le bonheur.

> Et qui plus est, il me semble que je n'ai rencontré guère de manières qui ne vaillent les nôtres. MONTAIGNE.

La moindre réflexion sur le contraste que l'on peut remarquer à l'égard des mœurs et du caractère, entre les orientaux et les peuples de l'Europe, conduit naturellement à comparer entr'elles ces mœurs si différentes dans les effets qu'elles doivent produire sur les habitudes de la société. Tous les traits caractéristiques d'une nation méritent d'attirer l'attention du philosophe; et plus ces traits s'éloignent des nôtres, plus leur examen acquiert le droit d'intéresser notre curiosité.

Un sentiment intérieur, formé par l'expérience, nous a souvent réduit à douter de cette supériorité sur laquelle notre vanité ne nous permet pas de souffrir la moindre contradiction ; nous avons craint par fois d'être conduits à reconnoître qu'inutiles au bonheur des individus, ce travail, cette agitation de pensées dans lesquels nous consumons notre vie, ne présentent à la masse de la société, qu'un avantage au moins incertain. C'est sans m'arrêter plus long-tems sur une semblable réflexion, que je vais hasarder un petit nombre de celles que m'ont fourni les objets de comparaison qui se sont rencontrés sous mes yeux.

—— *Animo satis hæc vestigia parva sagaci*
Sunt, per quæ possis cognoscere cœtera tutè.
LUCR.

C'est à une continuelle activité, aux impatiences, aux chimères de l'espoir, que l'européen dévoue presque toute son existence. L'éducation qu'il a reçue, a exalté son imagination, multiplié le nombre de ses idées. La lecture, le commerce des étrangers ont rapproché pour lui les tems et les lieux ; les connoissances de tous les siècles, les arts de tous les pays deviennent son patrimoine ; leurs plaisirs sont tous présens à ses yeux. Le tableau séduisant de tant d'avantages, lui inspire nécessairement le desir et par conséquent l'espérance de les avoir en sa possession. Il fait quelques tentatives ; de premiers succès l'encouragent à de nouveaux efforts ; il avance, et le cercle de ses prétentions s'agrandit. Mais l'espoir est infini, et le possible est borné ; arrive nécessairement le moment qui doit tout renverser, et la chute est d'autant plus terrible, qu'on s'étoit livré avec plus de confiance aux illusions qui ont contribué à l'amener.

Grave au contraire, tranquille, indolent même, l'habitant des pays orientaux ne possède que peu d'idées, il n'éprouve que peu de sentimens ; mais en général ses sentimens sont droits, ses idées sont justes et se portent rarement sur des objets étrangers à ce qui l'environne.

La différence d'éducation est sans doute en partie la cause de celle que l'on remarque entre les caractères. L'éducation devroit avoir pour but de former l'homme sans l'écarter des principes de la nature. En suivant avec soin la route invariable qu'elle nous indique, nous ne négligerions aucun des avantages qu'elle a répandus sur la vie, nous ne pourrions nous méprendre sur aucun des droits dont elle l'a parsemée. Mais il n'est point de peuple connu, dont l'histoire nous offre l'exemple d'un semblable système d'éducation. Chaque société dispose le sien conformément à ses vues resserrées, et sous le joug de l'autorité la nature perd sa grâce et sa vigueur.

Dans tout l'Empire turc, le principal inconvénient de l'éducation vient des notions superstitieuses qui s'y mêlent presque généralement. Sans cela, elle seroit assez raisonnable.

Le jeune arabe parvient de bonne heure à la maturité. C'est par la méthode la plus simple et la plus efficace, c'est par l'exemple qu'il reçoit dans la maison paternelle, et à l'abri de tout ce qui pourroit détruire l'effet de cet exemple, qu'il se forme à la gravité, à la constance dans les maux, au respect pour la vieillesse, à l'amour filial, au mépris des amusemens frivoles, à la frugalité, à la tempérance, à l'hospitalité.

Les enfans des arabes sont très-promptement retirés d'entre les mains des femmes. On les envoie étudier le koran. Cette occupation, il en faut convenir, n'a guère d'autre avantage que celui d'employer une partie de leur journée. Si plus âgés ils ne voient autour d'eux rien qui excite leur émulation, rien du moins ne tend à les entraîner dans l'erreur. Le père s'accoutume peu-à-peu à traiter son fils comme son égal, et celui-ci oublie rarement le respect qui n'est point impérieusement exigé.

L'habillement des enfans ne les serre ni ne les gêne en aucune manière, leur régime est simple, leur corps est accoutumé à la fatigue et à toutes les variations de l'air. Tels sont en partie les avantages du plan d'éducation adopté en Orient. Il faut compter d'abord au nombre des principaux inconvéniens qui en résultent, une crédulité excessive, suite de la plus profonde ignorance, une astuce qui touche de bien près à la fraude et à la duplicité. On apprend rarement ce que l'on ne cherche point à savoir. Le fils respecte son père, et ne se propose pas une plus haute gloire que celle de l'imiter. Continuellement occupé à calculer jusqu'à quel point il pourra, sans rien risquer, se laisser conduire par l'amour du gain, le père ne peut donner à son fils des notions d'une morale bien raffinée : accoutumés à concentrer leur félicité dans l'intérieur d'une famille, peu importe à ces hommes le reste du monde. De là nulle idée des liens de la société en général, et des devoirs qu'ils leur imposent.

L'éducation de l'Europe est l'art de façonner l'homme selon les circonstances. Les instituteurs chargés de l'entreprendre, réussissent ordinairement à inculquer des préceptes dont l'expérience leur a démontré l'utilité, et qu'ils ont trouvé occasion de mettre en pratique. Par eux nous devenons capables d'obtenir ces accroissemens d'honneurs ou de richesses qui nous sont proposés pour but de l'existence, et auxquels notre activité peut seule nous conduire : mais diriger tous nos moyens vers notre bonheur particulier ou l'utilité publique, conserver à notre corps la force et la santé, voilà ce que nous ignorons jusqu'à la mort, voilà en quoi le but de l'éducation est manqué, voilà enfin un point sur lequel nous ne pouvons prétendre à la supériorité.

Ce n'est pas dans les grandes villes qu'il faut chercher à saisir les traits distinctifs du caractère d'une nation. Les mœurs des unes et des autres ont toujours entr'elles quelques points de ressemblance. Mais voyez les femmes dans cette partie de l'Egypte où rien n'altère leur caractère primitif, quelle que soit la force de leurs passions, elles demeurent chastes, et le doivent moins peut-être aux entraves que leur impose la loi, qu'au pouvoir qu'obtient sur elles l'opinion publique.

Parmi le peuple où les femmes prennent part aux soins domestiques, leur éducation se borne à ce qui peut les rendre utiles. Les gens riches étendent leurs soins sur ce qui contribue à l'agrément. Plusieurs des femmes du Caire savent lire et écrire. Loin de se plaindre de ce qu'on les renferme et de regarder cette coutume comme une injure, elles y voient une marque de respect qui les rend quelquefois très-sévères sur ce point. En effet, bien qu'une semblable précaution n'ait été originairement adoptée que dans le dessein, soit d'arrêter, soit de prévenir des désordres de conduite, la jalousie n'a plus aucune part à l'usage qui la maintient, et dont une longue habitude a fait une partie de la bienséance. « Si j'ai consenti à vous épouser, disoit en ma présence une femme à son mari, c'étoit afin de pouvoir demeurer voilée ou renfermée (1), rester tranquille dans ma maison, et ne point aller au marché, paroître aux yeux de (2) tout le monde. »

Par un effet de la réclusion des femmes, les orientaux ainsi qu'on l'a souvent observé, connoissent très-peu l'amour, considéré comme passion. Ce seroit une indécence en société de parler beaucoup des femmes, et il n'est pas un homme qui devant plusieurs autres voulût avouer une préférence pour une femme, ou faire connoître l'intention de l'épouser. Ces coutumes rendent sans doute la société moins vive et moins amusante, mais elles la délivrent d'un grand nombre d'inquiétudes. Je crois toutefois dans l'erreur ceux qui affirment que les orientaux ne cherchent dans le commerce des femmes d'autre satisfaction que le plaisir des sens. Pourquoi la possession de plusieurs femmes rendroit-elle un homme insensible aux qualités aimables ou estimables qui peuvent se rencontrer dans chacune d'entr'elles ? seroit-il donc possible que cette

(1) Masturé.
(2) Chalk-Illah.

association effaçât absolument les traits distinctifs qui les caractérisent en particulier?

On se trompe également lorsqu'on assure que dans l'Orient les femmes sont esclaves ; il seroit peut-être plus exact de dire qu'elles y sont traitées comme des enfans. Mais cette supposition n'exclut point la tendresse et l'affection.

Elles ne tiennent pas dans leurs maisons le même rang que celles d'Europe, et si cela étoit, les intrigues du *harem* feroient le supplice de leurs maris et peut-être le leur. Dans l'état de choses existant, ces intrigues ne laissent pas d'avoir quelquefois des inconvéniens ; en général, cependant, il en résulte plutôt des distractions qu'aucun mal réel. Ainsi les femmes de l'Orient occasionnent à leurs maris beaucoup moins de chagrins que celles d'Europe.

Long-tems en Europe les femmes ont dû une grande existence à cet esprit chevaleresque qu'entretenoient les croisades, et qui dans l'imagination exaltée d'un jeune héros, transformoit l'objet de ses desirs en une divinité offerte aux adorations des mortels. Continuellement enflammé par les charmes extérieurs de l'objet de son culte, soit que sa maîtresse daignât lui sourire, soit qu'elle détournât dédaigneusement les yeux loin de son humble adorateur, il n'en faisoit pas moins des perfections dont elle étoit ornée, le sujet perpétuel de ses louanges et des volontés qu'elle lui laissoit entrevoir. La mesure de tous ses sacrifices, un désintéressement sublime épuroit ses services ; ils devoient demeurer sans espoir de récompense, jusqu'à ce que ses triomphes eussent prouvé la perfection des appas de sa dame, et qu'il eût conduit en sa présence la veuve et l'orphelin chantant les louanges de leur valeureux libérateur.

Tel étoit ce système de galanterie qui faisoit alors une partie considérable de l'éducation, et ainsi que nous l'avons déja dit, avoit, en Europe, placé les femmes au rang qu'elles occupoient dans la société : mais trop contraire à la nature, il ne pouvoit se soutenir long-temps. Peut-être les femmes elles-mêmes se lassèrent-elles du froid plaisir dont un hommage trop respectueux faisoit jouir leur vanité. On chercha de plus libres amours, et bientôt le charme s'évanouit. L'attrait du plaisir devint l'unique lien des deux sexes, et dans tout l'Occident les mœurs atteignirent presqu'à ce degré de corruption qui en Orient avoit déterminé la réclusion des femmes.

Mais soit qu'ils regardassent comme insuffisantes les entraves qu'oppose au libertinage la force des verroux et des grilles, soit qu'un reste de respect ne leur permît pas d'en essayer l'usage, les européens se laissèrent aller à une marche toute différente. Dès-lors lassées mais non pas rassasiées de licence, leurs femmes n'ont plus suivi d'autre guide que le caprice; delà cette continuelle application des hommes à chercher les moyens d'attirer leurs regards, et de fixer leur légèreté par la plus puérile affectation ; delà ce tour romanesque de nos ouvrages d'imagination, cette inconséquence que l'on remarque dans la conduite de leurs héros; delà aussi cette agitation qui règne dans nos sociétés et dont le spectacle feroit sourire les orientaux.

On ne prétendra point devoir attribuer uniquement au rang que tiennent les femmes dans la société, ces calamités qui désolent souvent l'intérieur des familles, ces violentes dissensions dont elles sont déchirées, ces procès éternels, cet amas de lois répressives, ce relâchement de la morale si remarquable en Europe. Ce que l'on observe seulement ici, c'est la coïncidence de cet état de la société avec les inconvéniens dont on vient de présenter l'énumération, et auxquels peut-être l'autorité des lois, et la voix de la religion réunies pour favoriser la respectable institution du mariage, ne peuvent apporter encore des remèdes assez efficaces.

Tous nos usages rapprochent les jeunes gens des deux sexes, tout les invite à s'attacher, tout leur défend de s'unir s'ils n'ont consulté d'abord les convenances de rang et de fortune. Cependant les passions agissent dans toute leur force, et la raison n'a point encore acquis la sienne ; mais nos mœurs punissent à jamais un moment d'imprudence ou de foiblesse ; mais des parens emploient l'autorité pour parvenir à ce qu'ils regardent comme le bonheur de leurs enfans, et ne réussissent bien souvent qu'à les rendre et à se rendre eux-mêmes malheureux.

Produite dans le monde par un époux orgueilleux de ses charmes, entourée d'hommes, autorisée par les regards du public à des familiarités qu'il permet, la jeune femme croit pouvoir s'y livrer en particulier ; et ces familiarités la conduisent bientôt à compromettre le bonheur, la considération de son mari ainsi que la fortune de son amant. De tels inconvéniens sont à peine connus des orientaux.

Une différence non moins frappante, est celle que l'on remarque entr'eux et nous par rapport au nombre et à la nature des lois et à l'administration de la justice. Quelle que soit la multitude de commentaires dont on a chargé les principes si simples du koran pour en déterminer l'application à des cas particuliers, leur réunion ne compose qu'un ensemble beaucoup plus abrégé qu'aucun des systêmes de jurisprudence que nous connoissions. La seule coutume de plaider par soi-même, réduiroit nécessairement de beaucoup la longueur des procédures ; et juste ou inique, un jugement les termine toujours en très-peu de tems, et le père n'a point à craindre de léguer à ses enfans la charge ruineuse des frais judiciaires.

Peut-être à la vérité sera-t-on porté à penser qu'il n'est point d'avantage capable de compenser les maux résultans de l'immoralité des juges, et de la vénalité de leurs arrêts. On pourra dire que du moins en Europe la justice est administrée avec plus d'impartialité, et qu'il est rare que la corruption parvienne à l'emporter sur le droit.

Mais, d'un autre côté, quelles que puissent être l'intégrité de nos magistrats et l'équité de leurs décisions, cette possibilité d'allonger les procédures ne devient-elle pas la source d'inconvéniens aussi graves que ceux qui doivent résulter de la vénalité des juges? Si l'un des plaideurs se trouve pauvre, et que son adversaire soit riche, celui-ci n'a-t-il pas ordinairement la puissance de ruiner l'autre, par les obstacles qu'il saura opposer au jugement définitif du procès? Et qu'importe ensuite à celui qui gagne, que sa cause soit à la fin victorieuse, s'il a vu sa fortune entière se dissiper long-tems avant la fin de la plaidoierie?

Indépendamment des frais énormes qu'entraîne un procès dans la plupart des contrées de l'Europe, ces inquiétudes, ces tourmens qui en accompagnent la suite, ne sont-ils pas à retrancher sur le bonheur de l'existence, et leur renouvellement ne doit-il pas les ranger au nombre des maux réels?

Les mœurs domestiques des orientaux offrent des particularités plus minutieuses, mais qui ne laissent pas de mériter notre attention. Soit que vous arriviez dans sa maison, soit que vous la quittiez, l'habitant de la Turquie ou de l'Arabie ne se croit point obligé à de grandes démonstrations. Il ne vous offre point ses services, il vous accorde sa protection, et le fait même d'un air de hauteur; mais ensuite il ne la retire jamais, et sa parole demeure invariable. Quant aux visites, on sait assez qu'on les termine au moyen d'un petit morceau de bois odoriférant placé dans une cassolette : ainsi on se soustrait, quand on veut, à cette absurde coutume établie parmi nous, de tout employer pour retenir celui dont la présence nous a déjà le plus fatigués.

Tout chez les orientaux, tend plutôt à assoupir qu'à exciter les passions. Dans les querelles de la populace, la colère, il est vrai, s'exhale en clameurs et en injures ; mais parmi les personnes bien élevées, il est rare qu'on entende le son de la voix dépasser le ton de la conversation ordinaire.

Quel que soit le nombre des domestiques qui composent une maison, et en Orient ce nombre est toujours fort considérable, il n'occasionne pas la moindre confusion. Tout s'exécute régulièrement et en silence. Tous les ordres qui ne s'éloignent pas de la routine du service ordinaire, sont donnés par signes et compris à l'instant. Cette méthode ne tire son origine d'aucun sentiment d'orgueil, et n'a point pour objet d'établir l'énorme distance qui se trouve entre le maître et le serviteur. Le but principal de ceux qui l'emploient est d'éviter les équivoques auxquelles pourroit donner lieu quelquefois la réunion de plusieurs personnes différentes d'âge, d'état ou de mœurs, et de former sur les détails domestiques une habitude de réserve qui rend moins remarquable l'espèce de mystère que la présence des étrangers nécessite quelquefois.

C'est en Europe que l'homme s'est montré le plus ingénieux à tourmenter son existence. Le commerce de la société est parmi nous tellement embarrassé de formes et d'entraves, que l'on peut mettre en question s'il nous procure plus de plaisir ou plus de gênes; aussi n'est-il pas rare, en sortant d'un lieu de réunion quelconque, de regretter le moment qui nous y a fait entrer. De-là vient le besoin naturel de changer de place, et de former de nouvelles connoissances.

Il sembleroit que des personnes qui se réunissent pour prendre leur repas ensemble, dussent par cela même contracter une sorte d'union ; et cependant elles ne se séparent guère sans s'être livrées à ces dangereux excès d'où naissent les dissensions, s'il est permis de le dire, comme par une opération mécanique. Nous négligeons l'unique avantage que les arabes sachent retirer de ces repas faits en commun. Il n'est aucun de nous pour qui la circonstance qui lui fait partager avec son voisin un morceau de pain et quelques grains, devienne l'engagement inviolable de ne lui causer jamais le moindre dommage.

En Orient le commerce de la société est beaucoup plus simple et moins surchargé d'étiquettes. On se voit avec plus de plaisir, on ne se quitte qu'avec l'espérance de se retrouver. Quant à nous, si nous nous sommes délivrés des formalités les plus incommodes, nous avons conservé les mêmes lois, leur despotisme et la gêne qu'elles imposent. L'extérieur est changé, mais le fond demeure le même.

En Orient, celui qui se livre à l'usage immodéré de la boisson, va cacher dans l'endroit le plus reculé de sa maison, les effets de son intempérance. Ainsi du moins quels que soient les inconvéniens qui peuvent en résulter pour lui, il épargne à la société l'exemple de sa foiblesse, et le trouble qu'elle y pourroit porter. A l'égard du manger, les excès dans ce genre sont extrêmement rares, ce que l'on croira aisément quand on saura que les plus longs repas, ceux qui se composent de plusieurs services, comme à la table des beys et des pachas, ne durent jamais que quelques minutes. Les orientaux mettent la sobriété au rang des vertus les plus estimables; et soit que ce principe tienne à la nécessité que leur impose le climat, soit qu'il leur vienne de l'habitude ou de la réflexion, il n'en mérite pas moins de nous servir de modèle, parce qu'il fait trouver à celui qui s'y conforme, une récompense immédiate dans la tranquillité d'esprit et la vigueur de corps qu'il ne manque guère de lui procurer.

En un mot, s'il est vrai que l'homme multiplie ses inquiétudes à mesure qu'il se crée de nouveaux besoins, de combien les orientaux ne doivent-ils pas se trouver plus heureux que nous, puisqu'une foule de choses qui nous semblent devenues indispensables, sont pour eux comme si elles n'avoient jamais existé.

Une facilité mutuelle rend leur société douce et tranquille : la nécessité d'un commerce de flatterie, attache à la nôtre une gêne insupportable. Là, nul ne suit d'autre mode que sa volonté ; ici chacun sert à regret l'idole que tous ensemble ont élevée ; chaque homme découvre sa tête pour honorer son pareil, lorsqu'elle pourroit demeurer couverte sans qu'il en résultât le moindre inconvénient pour aucun d'eux.

En Orient, tout l'art de la politesse se réduit à une complaisance sans apprêt, toujours sûre de satisfaire. Celle de l'Occident n'est qu'un effort pénible, également fatiguant pour celui qui l'exerce et pour celui qui s'en voit l'objet.

Les modes qui nous tiennent sous leur empire, paroissent en vérité si peu fondées sur la raison, qu'on seroit quelquefois tenté de penser qu'elles ont été imaginées par ceux qui ne savent que faire, pour l'occupation de ceux qui n'ont rien de mieux à faire, ou bien comme certains dogmes, pour exercer les hommes à la plus aveugle obéissance. Il faut se borner à telle espèce de parure ; tel établissement est celui qu'il faut choisir, et cela sous peine d'un ridicule ineffaçable ; et s'il est un homme à qui sa position ne permette pas d'obéir à des arrêts si absolus, il en est si humilié, qu'il ne connoît bientôt plus d'autre ressource que de cacher timidement son existence.

Voyez un européen s'entretenir, même avec ses égaux. Il parle, non parce que ses pensées se pressent sur sa langue, mais parce qu'il lui semble nécessaire de parler. Il éprouve, non le besoin d'exprimer ce qui se présente à son esprit, mais celui de soutenir la conversation. Ainsi du verbiage, des idées vaines ou fausses, se donnent pour des raisonnemens, et les saillies d'une imagination capricieuse occupent la place qui devroit être réservée aux sentimens dictés par le jugement et la réflexion. Et c'est nous qui reprochons avec mépris aux orientaux de parler peu (1) lorsqu'ils n'ont rien à dire.

Le silence n'a pour eux rien de pénible ni de ridicule : s'ils cherchent la société, c'est pour y trouver une distraction, et non pour s'en faire un travail. L'entretien qui

(1) *Par phrases courtes et rares*, dit Volney.

coûteroit un effort, ne leur présenteroit qu'une fatigue inutile. Ils suppléent à cette vivacité de conversation qu'on ne rencontre que chez les européens, des *meddahs* ou conteurs d'histoire, et des plaisans de profession, qui, je l'avouerai, ne la remplacent que médiocrement.

En Orient, la durée de la vie humaine dépend d'un grand nombre de hasards; la peste, la famine, les caprices du despotisme peuvent à chaque moment en abréger le cours. Il est naturel d'attacher moins de prix à l'avantage qui peut nous être plus facilement enlevé. Aussi les orientaux vivent sans s'occuper de la mort, et meurent sans donner un soupir à la vie. L'espérance arrachée tout-à-coup, fait sans doute éprouver de bien vives douleurs : mais on peut la voir se flétrir peu-à-peu, et conserver encore une sorte de tranquillité.

Toujours mécontent du présent, soutenu seulement par l'espoir d'un plus heureux avenir, attaché sans mesure à des biens qu'il n'a pu acquérir qu'à travers de longues peines, l'européen s'est fixé dès l'âge le plus tendre une époque, avant laquelle, la puissance qui règle sa destinée ne peut, à ce qu'il croit, lui ravir l'existence sans cruauté et sans injustice.

Soumis à la fatalité, le sectateur de Mahomet ne s'afflige point des évènemens passés, puisqu'il pense que rien n'auroit pu changer les arrêts du destin, et que ses efforts eussent été aussi inutiles que le seroient maintenant ses regrets. Cette idée, nuisible sans doute à certains égards, ne peut manquer de produire quelque bien. Si persuadé qu'il ne peut éviter le malheur qui le menace, le fataliste ne tente aucun moyen de s'y soustraire, du moins ne se consume-t-il pas à déplorer ce qu'il croit n'avoir souffert qu'en raison de la loi immuable qui régit l'univers.

Celui qui attribue plus de pouvoir à la volonté, doit à chaque mauvais succès accuser la foiblesse de son propre jugement ou de son caractère. Tel est le sort de l'européen ; presque toute sa vie s'épuise en reproches sur le passé, qui ne lui profitent en rien pour l'avenir.

Le respect que les orientaux témoignent pour la vieillesse vient en partie de la conduite décente des gens âgés, qui trop souvent en Europe attirent sur eux le ridicule par l'inutilité des efforts qu'on leur voit tenter pour prolonger quelque tems les jours de leur jeunesse.

Bien propre à flatter l'orgueil de ceux qui le professent, le culte de Mahomet exerce sur eux la plus puissante influence. Non-seulement il commande à leur crainte et à leurs espérances, mais aidé de cette aversion qu'ils entretiennent pour toute espèce d'inquiétudes, il a tellement su l'emporter sur la cupidité, que dans tout l'Orient le jeu est presqu'entièrement banni de la société, et qu'ainsi on y connoit à peine les suites de cette passion si funeste en Europe.

Si, pour qu'un peuple fût heureux, il falloit que sans cesse occupé à se former un avenir, chacun des individus qui le compose travaillât encore de tout son pouvoir au bien-être de la communauté, comment se feroit-il que les orientaux pussent jouir du moindre bonheur ?

La morale consacrée dans leurs écrits est sublime autant que naturelle ; sans jamais tomber dans le relâchement, elle se place à la portée de la foiblesse humaine. Cependant nous nous plaisons à leur attribuer une stupidité brutale. Mais, dira-t-on, ces principes de morale ne sont pas suivis par eux. Eh! les chrétiens obéissent-ils aux préceptes de l'évangile?

Les histoires des perses et des arabes fourmillent, ainsi que leurs romans, de traits de grandeur, de générosité, de justice et de courage, supérieurs quelquefois à tout ce que l'on rencontre dans les annales des autres nations. A l'exemple des grecs, nous les avons flétris du nom de barbares ; mais il suffit de les observer sans partialité pour se convaincre que rien de ce que nous admirons chez les nations policées ne leur est étranger ; que l'horreur du crime est aussi puissante parmi eux que chez aucun autre peuple, et que s'ils expriment autrement que nous leurs passions, elles ont toujours la même source et le même objet que les nôtres.

Il n'est personne qui, en réfléchissant sur sa vie passée, ne s'avoue que pour l'étendue, la durée et le nombre, les maux ne l'aient emporté de beaucoup sur les biens.

Pour établir l'équilibre, c'est-à-dire, pour être moins malheureux, pour rendre la vie plus supportable, il faut, ou comme les épicuriens, augmenter la somme des jouissances, ou selon le systême des stoïciens diminuer celle des souffrances. Comme nous, les orientaux s'efforcent de parvenir à l'un au moyen des plaisirs des sens, et je ne crois pas qu'ils puissent se vanter d'y réussir mieux que nous. Mais à l'autre égard ils vont beaucoup plus loin, et peuvent davantage prétendre à ce stoïcisme qui nous met certainement à l'abri d'un grand nombre de maux.

Les passions sont à l'ame, nous dit-on, ce que le mouvement est au corps, et leur absence, ainsi que celle du mouvement, occasionne et indique toujours un état de langueur, dont l'ame est susceptible aussi bien que le corps.

Sans doute, l'être absolument inaccessible aux passions seroit un être hors de nature ; mais certainement aussi, celui sur lequel agiront le moins puissamment des causes plus propres à faire naître en nous les sensations de la douleur qu'à y réveiller celles du plaisir, sera le plus près de la tranquillité parfaite. Et quel autre bien peut espérer l'homme, que cette tranquillité, cette absence d'un mal positif? Qu'est-ce que la joie, qu'un rayon, un éclat de lumière, dont le rapide passage nous rend ensuite plus profonde l'obscurité qui nous environne.

Il n'est presque point d'instant dans la vie où celui qui s'est trop abandonné à sa sensibilité, ne se trouve blessé par quelqu'un de ces légers incidens qui passent ignorés de l'homme moins facile à émouvoir.

Brûlant d'amour, si cet amour est couronné, ne doit-il pas se promettre la félicité céleste ? Quelles douces et pures jouissances font goûter à son cœur compatissant, le bonheur de secourir, de sauver l'infortuné ! et que peut-on comparer aux transports dont aux premiers sons de la louange se sentiroit saisir ce cœur avide de gloire ? Eh bien, peut-être la froideur, les rebuts, vont repousser cet amour qui le dévore ; il se sent déchiré à la vue de la misère, et il n'existera pas pour lui un seul moyen de l'adoucir ; mais sur-tout où trouvera-t-il un monde disposé à la louange, et modéré dans ses censures.

Ce n'est pas tout ; accessible à l'orgueil, à l'ambition, à la colère, à la jalousie, au ressentiment, cet homme trop sensible rencontrera l'écueil de son repos dans tout ce qui le lie le plus intimement à son existence, et il ne verra jamais finir sans un orage le jour annoncé par la plus brillante aurore.

Ne pourroit-on pas appliquer le même raisonnement à la délicatesse du goût ? En même tems que l'homme pourvu d'un sens raffiné jouit avec transport des beautés d'un tableau ou de celles d'un ouvrage d'esprit, il se sent vivement choqué des divers défauts contraires à ces différentes beautés. Mais, dira-t-on, s'il ne peut se rendre inaccessible à certaines sensations, du moins est-il le maître de s'épargner la vue de certains objets. Est-il donc si aisé, en vivant avec les hommes, d'éviter la rencontre de ce qu'ils peuvent produire de défectueux ? et depuis que réunis en société ils s'occupent à défigurer la nature pour qu'elle se prête à leur génie, combien n'ont-ils pas multiplié parmi les monumens des lettres et des arts, ces avortons d'une imagination débile ou en délire.

Ainsi donc, dira-t-on, apathie l'unique synonyme de bonheur, et ce goût fin, ces passions actives qui ont établi la supériorité des européens, servent seulement à diminuer leur félicité! Ce seroit sans doute pousser l'argument trop loin ; nous nous sommes contentés de le mettre au jour ; les conséquences qu'on en peut tirer sont ensuite à la portée de tout le monde. Chacun, d'après les bases que nous avons présentées, est à même d'apprécier de combien la somme du bonheur résultant de l'un des deux états de choses, doit l'emporter sur celle qu'on peut s'en promettre dans l'autre.

APPENDICE.

N.º I.

Explication des Cartes géographiques.

C'est autant qu'il lui a été possible, d'après une connoissance acquise sur les lieux, que l'auteur de cet ouvrage a tracé les deux cartes qui l'accompagnent. A l'égard des parties qu'il n'a pu visiter, obligé de s'en rapporter au témoignage des naturels du pays, il a du moins choisi pour en tirer les éclaircissemens dont il pouvoit avoir besoin, et les plus intelligens, et ceux qui ayant le plus voyagé dans la région dont il a présenté le tableau, devoient naturellement se trouver en état de lui en donner de plus exacts et de plus complets. Il ne s'est pas permis, d'ailleurs, d'indiquer une seule position, qu'elle ne lui eût été certifiée telle par le témoignage d'au moins trois ou quatre personnes interrogées séparément.

Il ne croit pas nécessaire d'avertir que, malgré toutes ces précautions, il lui a été impossible de calculer les hauteurs d'une manière précise, sur le simple rapport de gens qui n'ont à cet égard que des notions confuses, et savent à peine distinguer les huit principaux points de la boussole. Il ne leur a guère été plus facile de donner une idée générale de l'aspect et des productions de ces contrées, qu'ils avoient traversées, la plupart du tems, ou à moitié endormis, ou bien trop occupés, soit des fatigues du voyage, soit du but qui le leur avoit fait entreprendre, pour songer à observer en détail le pays qui frappoit leurs regards pendant la route.

Les noms des lieux que l'auteur n'a pas visités par lui-même, et dont l'existence et la position ne lui ont pas été attestées par d'anciennes cartes, sont écrits en lettres grises. On s'est servi pour le reste de caractères ordinaires. De même la route qu'il a parcourue est marquée par un trait colorié en verd : un simple trait gravé sans couleur désigne celles qu'il n'a pu tracer que d'après des indications étrangères.

On a déja vu comme quoi la perte d'un grand nombre de feuilles détachées qui se trouvoient dans ses papiers, a mis l'auteur dans l'impossibilité de donner à la carte de son voyage, cette exactitude rigoureuse dont il ne se dissimule pas la nécessité. Il s'est vu forcé de se contenter du résultat des observations astronomiques consignées dans son journal, mais sans aucun détail. Cependant, pour être certain que les données qu'il en tiroit fussent les plus justes possibles, il a pris le soin de les comparer toujours avec ses désignations de gissement, que très-heureusement il avoit conservées pour la plupart. Il ne s'est pourtant pas tellement astreint à les faire cadrer, qu'il ait rien forcé pour y parvenir. Par exemple, en ne suivant que les observations astronomiques, il auroit placé *Charjé* et *Mughès* de quelques milles plus du côté de l'est ; mais comme par rapport à ces deux endroits la désignation des gissemens se trouvoit parfaitement d'accord pour leur donner une autre position avec les notions qu'il avoit pu acquérir sur la distance qui les sépare d'*Assiout*, il a préféré ces derniers résultats à ceux que lui offroient des observations dont l'exactitude ne lui pouvoit être garantie par les mêmes moyens.

La latitude et la longitude d'*Assiout* ont

été fixées d'après des observations astronomiques. La latitude de *Charjé* l'a été de même, et la longitude, de la manière qu'on vient de dire. L'auteur a pu fixer à loisir et sur les lieux mêmes, la latitude et la longitude de *Scheb* ainsi que celles de *Selimé*. Quant aux montagnes qui s'élèvent à l'est du chemin, il les a dessinées telles qu'il les a aperçues des villages d'*Elwah* et ensuite de la route que suivoit la caravane, excepté cette extrémité de la chaîne de monts qui s'étend vers le sud-est, qu'il a placée sur la carte d'après le témoignage d'un naturel de *Mahas*, n'ayant point été à portée de la reconnoître par lui-même. La longueur du chemin qui sépare *Selimé* de la rivière lui a paru suffisamment établie par les rapports absolument uniformes d'un grand nombre de jelabs de Dongola qui tous avoient parcouru cette route.

La latitude de *Leghéa* a été déterminée d'après différentes observations faites, soit en allant, soit en revenant. A l'égard de sa longitude, on n'a eu d'autres données pour la fixer, que la direction du chemin calculée par rapport à *Bîr-el-Malha*, au sud, et à *Selimé* au nord. Une résidence de plusieurs jours à *Bir-el-Malha*, a mis l'auteur à portée d'en déterminer la latitude et la longitude.

On n'a pu se procurer d'autres données sur la position de *Sweini* et celle de *Zegghawa*, que le résultat des gissemens et des distances combinées ensemble, et calculées par rapport à *Cobbé*, et le *Haimer* : mais celle de ce ces deux endroits a été déterminée d'une manière assez certaine par de fréquentes observations des phases de la lune, et des occultations des satellites de Jupiter. La position de *Cubcabéa* et celle de *Ril*, ont été données d'après le témoignage constant et uniforme des naturels du pays. Ces deux endroits sont très-fréquentés, et situés de plus à une si petite distance du lieu d'où on a reçu les indications, qu'il est impossible que l'on ait commis à cet égard aucune erreur importante.

Ce qu'on a rassemblé sur les différens points du chemin qui conduit de *Cubcabéa* à *Wara*, et de-là à la capitale du *Bornou*, est le produit d'un grand nombre de recherches, et du travail assez considérable, qu'il a fallu entreprendre pour faire cadrer ensemble les différentes notions qui en étoient résultées. Ce chemin comprend seize journées.

La position de la capitale de *Bornou* diffère ici de celle qu'on lui a donnée dans les dernières cartes, mais elle se trouve parfaitement d'accord avec les gissemens et les distances déja connues. *Abou-Schareb* est environ à l'ouest ¼ nord de *Cobbé*, et au nord-ouest ⅔ nord de *Wara*. De Wara à la capitale de Baghermi, le chemin se dirige entre l'ouest-nord-ouest et le nord-ouest ¼ ouest, en inclinant un peu vers le sud. De *Baghermi* à *Kottocomb*, il est nord ¼ ouest ⅔ ouest, et de *Kottocomb* à *Bornou*, à-peu-près de la même manière.

Sennaar, le cours du Nil, la côte du golfe d'Arabie, *Masouah*, *Gondar*, *Suakem* etc. sont marqués ici comme ils le sont sur les cartes du major Rennell. La longitude de *Sennaar* est de 33 deg. 30 min. 30"; celle de *Cobbé*, de 28 deg. 8 min. La différence qui existe entre ces deux longitudes, seroit donc de 5 deg. 22 min. 30". *Ril* ne peut être à plus de treize milles à l'est de *Cobbé*. Cependant *Ril* n'est qu'à vingt-trois journées de Sennaar. Il resteroit de Ril à Sennaar, à prendre la ligne directe, 5 deg. 10 min. c'est-à-dire environ treize milles géométriques par chaque journée, et pour peu qu'on supposât la plus légère déviation de cette ligne directe, au moins 14 milles. Or, un semblable calcul n'est pas admissible pour un aussi long voyage, et en effet sur la route de Bornou les journées ne sont guère que de neuf milles. D'Anville place Sennaar à 29 deg. 39 min. ce qui le rapprocheroit trop de Rîl, puisqu'il ne resteroit plus entre Rîl et cette ville que quatre-vingt milles, ce qui feroit seulement trois mille un quart par jour.

De nouvelles observations peuvent seules nous apprendre, si pour trouver la vérité, il faut choisir le milieu, entre celles de sir James Bruce et les conjectures de d'Anville, ou bien s'il faut s'en rapporter au premier des deux, en expliquant, par la facilité du chemin et l'uniformité de sa direction, la briéveté du voyage, qui autrement sembleroit difficile à comprendre. Ce qui paroît clair, d'après le témoignage uniforme et constant des naturels du pays, c'est qu'il y a trois journées ou trois journées et demie de chemin de la ville de *Sennaar* au *Bahr-el-Abiad*, et que jusqu'à présent on avoit placé cette rivière beaucoup plus loin de Sennaar qu'elle ne l'est en effet.

Le nombre des lacs et des rivières que l'on rencontre sur le chemin qui conduit de *Wara* au *Dar-Kulla*, est le même que celui des lacs et des rivières qui sont tracés sur la carte générale de l'Afrique septentrionale, par le major Rennell, dans ce qu'il regarde comme composant les alluvions de cette partie du continent. Ces deux contrées n'ont d'ailleurs aucun rapport entr'elles, soit pour la latitude, soit pour la longitude.

S'il en faut croire les renseignemens reçus dans le pays, le cours des rivières se dirige en général de l'est à l'ouest. Quant aux détails ultérieurs sur ces mêmes rivières, on n'a pu s'en procurer que très-peu. La région qu'elles traversent est, dit-on, marécageuse et humide durant une grande partie de l'année. La chaleur y est excessive, et les gens du pays assurent qu'il n'y a point d'hiver.

La rivière appelée *Barhr-Misselad*, est, à ce qu'il paroît, fort considérable. On ne sait rien de positif sur le lieu de sa source, mais elle paroît ne devoir pas être fort éloignée de l'endroit où l'on assure que se trouvent les mines de cuivre.

Les habitans de *Wara* ou de *Cobbé*, qui

entreprennent le voyage du *Dar-Kulla*, y emploient ordinairement deux années, en comptant l'aller et le retour. Tous ne s'accordent pas sur le nombre de jours que l'on met à faire la route; mais il faut le calculer sur le pied de 150 à 180, ce qui fait au terme moyen 165. L'auteur n'a jamais entendu parler du *Wangara*. Il se peut que ce soit sous un autre nom quelqu'une des provinces qu'il a décrites : mais une circonstance qui feroit croire le contraire, c'est qu'on représente *Wangara* comme produisant de l'or, ce qui ne peut s'appliquer à aucune d'entr'elles, d'autant que, d'après tous les rapports qui servent de fondement à cet ouvrage, on ne trouve pas une seule mine d'or du côté de l'ouest. Quelques-uns des africains qui ont fourni ces divers renseignemens, connoissent le *Zamphara*, qu'ils placent assez près du *Bornou*, mais ils n'ont pu donner sur ce pays aucune espèce de détails. (1)

Les lignes pointillées, qui sur la carte gé-

---

(1) Il paroit certain, d'après le voyage de Mungo Park et les éclaircissemens du major Rennell, que le Wangara existe, et que l'or qu'on y ramasse, provient des débordemens du Niger. (*Note du traducteur*).

nérale entourent les royaumes de *Bergou*, de *Baghermi* et le *Kordofan*, et qui en désignent peut-être l'étendue d'une manière trop précise, ont principalement pour objet de donner la situation de chacune de ces trois régions, relativement aux deux autres, et par rapport au royaume de Four. Quant à leur étendue, on n'a rien pu se procurer à cet égard, de plus positif que le témoignage des habitans de chacune de ces contrées, qui affirment que leur pays s'étend de tant de journées de l'est à l'ouest, et de tant du nord au sud. Les renseignemens acquis sur celle de Dar-four présentent quelque chose de plus certain, en ce que ceux qui les ont transmis avoient déterminé avec beaucoup de soin le lieu précis où se borne cet empire vers chacun des quatre points cardinaux.

Durant son séjour dans le royaume de Four, l'auteur n'a jamais remarqué que l'aiguille polaire eût varié de plus de 16 deg. vers l'ouest. Et c'est là-dessus qu'il s'est réglé dans toutes ses observations sur cette contrée.

ITINÉRAIRES.
N.º II.

De Cobbé à Sennaar.

	Direction.	Nombre de journées.
De Cobbé à Schawer.		1 ½
De Schawer à Rîl.	S. S. E.	2

On trouve à Rîl un grand étang qui n'est jamais entièrement desséché; un peu à l'est de l'étang, est une vaste maison bâtie par le sultan Teraub, frère aîné du sultan actuel.

| De Rîl à Fadow. | } E. | 3 |
| De Fadow à Cawb. | | 3 |

Près de Cawb commence une chaîne de collines qui s'étend à peu-près du N. au S.

De Cawb à Dar-Hummar.	} Moyenne direction. E.	3
De Dar-Hummar à Emdî.		3
D'Emdî à Kreiga.		¼

Dans chacune de ces villes réside un Foukkara qui administre la justice.

	Direction.	Nombre de journées.
De Kreiga à Ibeit. (1)	E.	1

A trois heures de chemin de Kreiga, entre cette ville et Ibeit, on trouve Abou-Harras, dont tous les environs sont partagés en jardins appartenant à des naturels du Dongola, qui se sont établis dans le pays et cultivent des oignons, etc. Abou-Harras s'étend en longueur du N. au S. et ne se fournit d'eau qu'au moyen de puits situés au sud de la ville.

D'Ibeit à Miteina.		$\frac{2}{3}$
De Miteina à Autosh.		2
D'Autosh à Yassin.		$\frac{1}{2}$

Yassin est la résidence d'un Foukkara.

(1) Ibeit est le nom d'une des principales villes du Kordofan; c'est aussi celui d'un district.

	Direction.	Nombre de journées.
De Yassin à Breissa, *sables très-profonds*.		½
De Breissa à Cone.		1

Cone est situé au pied d'une montagne du même nom, qui se trouve au midi de la route. Près de Cone, de même un peu au midi de la route, on voit un étang aux bords duquel les voyageurs ont coutume de se reposer.

De Cone à Kinnana		1
De Kinnana à Deggîn		1
De Deggin à Hellet-Allais (1), sur le Bahr-el-Abiad, à l'endroit où viennent s'arrêter les bacs.		1

Hellet-Allais est situé sur la rive occidentale du Bahr-el-Abiad, qui est

---

(1) De Ril à Hellet-Allais, la route, m'a-t-on dit, se dirige presque toujours vers l'est.

assez large en cet endroit pour qu'une personne placée sur l'un de ses bords, ne puisse pas distinguer les traits de celle qui se trouve de l'autre côté. La voix parvient cependant d'un bord à l'autre. La rive occidentale est couverte de beaucoup d'arbres ; la rive orientale n'en produit pas un. Hellet-Allais est entièrement bâti en terre d'argile ; on voit au milieu de la ville un grand palmier.

A l'orient du Bahr-el-Abiad se trouve *Schilloûk*, qui, s'il est vrai comme on le dit, qu'on l'aperçoive d'Hellet-Allais, ne peut être fort éloigné des bords de la rivière.

Schilloûk est bâti en terre d'argile et habité par des idolâtres qui n'ont d'autres vêtemens que de

Direction. Nombre de journées.

longues herbes dont ils s'entourent les reins et qu'ils passent entre leurs cuisses ; ils sont noirs, et tous les individus des deux sexes se rasent la tête. Les habitans de Schilloûk ont la souveraineté de la rivière, et lèvent un droit en nature sur tous les objets de commerce qui traversent les lieux de leur domination. Le nom de Schilloûk n'est point d'origine arabe, on ignore sa signification : soit qu'on demande aux habitans du pays le nom de leur ville, ou celui sous lequel il faut les désigner, ils répondent également *Schilloûk*. Lorsqu'il passe un mahométan dans un de leurs bacs, ils ne manquent guère de lui faire sentir l'importance que donne à leur ville sa position sur le bord de la rivière. Quand

Direction. Nombre de journées.

le mahométan s'est placé dans le bateau, celui qui le conduit lui demande, « quel est le maître de cette « rivière? » l'autre répond suivant l'usage, Ullah ou Roubbani, c'est-à-dire, Dieu. « Non, reprend le « Schilloûk, dites que c'est « un tel (le chef de sa peu-« plade) ou bien vous ne « passerez pas. » On dit que les schilloûks se montrent hospitaliers envers les étrangers qui viennent dans leur pays sans intention de les offenser, et qu'ils ne trahissent jamais ceux qu'ils ont pris sous leur protection. Il ne m'a pas été possible de rien apprendre sur leur culte, et je suis resté dans la même ignorance à l'égard de presque tous les peuples sur lesquels je n'ai pu me procurer des

Direction.	Nombre de journées.

renseignemens que par le canal des mahométans.

	Direction.	Nombre de journées.
De Schilloûk au Dar-Ruga.	E. ¼ N.	1
Du Dar-Ruga à Waalia.	E.	1
De Waalia à Shadli.	E.	1
De Shadli à Sennaar.		¾

Sennaar, *Medinet-el-Fûn* ou *Fungi*, est bâti sur la rivière qui vient de l'Habbesch (1). Cette rivière est beaucoup moins considérable que le Bahr-el-Abiad, et avant le tems de la crue de ses eaux, elle est guéable entre Sennaar et Basbosch.

Les esclaves qui ont usurpé le gouvernement de Sennaar, ont établi leur résidence à Terfeia sur le bord de la rivière opposé à celui qu'occupe la ville, et, en 1794, il y avoit six ans qu'ils étoient en guerre avec les habitans de la ville.

(1) Le Nil.

APPENDICE. 317

Le Bahr-el-Abiad croît et décroît tous les ans, de même que le Nil.

De Sennaar à Gondar.

	Direction.	Nombre de journées.
De Terfeia à Rhad.	E. N. E.	1
De Rhad à Dender.	E.	1
De Dender à Béla.	S. E.	1
De Béla à Teawa.		1

Rhad est situé sur les bords de la rivière du même nom. Après Béla on quitte la rivière et l'on se rend à Teawa, à travers un pays montueux. Le sol des environs de Teawa est argileux, et la ville est entièrement bâtie d'argile. Le mahriek (maïs blanc), qui croît en abondance autour de Teawa, forme la principale nourriture de ses habitans.

| De Teawa à Râs-el-Fîl. | S. E. | $1\frac{3}{4}$ |
| De Râs-el-Fîl à Gondar. | E. S. E. | 7 |

Râs-el-Fîl est gouverné par

un officier du roi d'Habbesh (1). Ses habitans prennent le nom de *Giberti.*

Route de Sennaar à Swakem.

	Direction.	Nombre de journées.
De Sennaar à Teawa.		4
De Teawa à Atbara, ville bâtie sur la rivière du même nom.	E.	1
D'Atbara à Hallanga.	N.	2

Les habitans d'Hallanga sont mahométans, mais ne se servent pas en général de la langue arabe. Ils sont de couleur olivâtre. Le mahriek parvient, dit-on, à une telle croissance, dans les environs d'Hallanga, que sa tige y est quelquefois, par le bas, de la grosseur du poignet.

| D'Hallanga à Suakem. | N. E. | 12 |

De Sennaar à Suakem, le chemin est presque partout montueux et coupé de

(1) L'Abyssinie.

rochers. Depuis Hallanga, le pays est absolument sauvage et habité seulement par des arabes vagabonds, qu'on distingue en deux différentes tribus, les Bijjés et les Okouts. Tous s'occupent à nourrir de nombreux troupeaux de chameaux, de brebis, etc. Suakem est situé en partie sur une île où résident le gouverneur et les principaux de la ville. Le reste des habitans, en beaucoup plus grand nombre, fait son séjour sur la terre ferme.

Route de Sennaar à Mahas.

	Direction.	Nombre de journées.
De Sennaar à Herbajé.	N. ¼ O.	3
D'Herbajé à Halfeia.	N.	5

Halfeia est au confluent du Bahr-el-Abiad et du Bahr-el-Asrek.

	Direction.	Nombre de journées.
D'Halfeia à Chendi.	} N.	3
De Chendi à Birbîr.		3
De Birbîr à Schaikié.		3
De Schaikié au Dongola.	N. O.	2
Du Dongola à Mahas.	N.	1

De Sennaar à Fazoglo.

De Sennaar à Dachala.	E.	3
De Dachala à Emsirié.	S. E.	1
D'Emsirié à Louni.	S.	3
De Louni à Gerbîn.	S.	3

Dachala est situé sur la rive occidentale du Bahr-el-Asrek. Les peuples qui l'habitent sont mahométans. Gerbîn est un lieu sauvage et rempli de hauteurs. C'est-là que le gouvernement de Sennaar envoie les malfaiteurs qu'il veut bannir de la société.

De Gerbîn à Fazoglo, *pays montueux*.	S.	1

Les mines de Fazoglo produisent beaucoup d'or :

elles dépendent du gouvernement de Sennaar.

De Gerbîn à Gondar.

Il n'y a point à Fazoglo de chemin qui conduise directement à Gondar ; mais lorsqu'on est retourné à Gerbîn, on va,

	Direction.	Nombre de journées.
De Gerbîn à Hassib.	E.	2
D'Hassib à Beida.	E. ¼ S.	2

Beida est la première ville de l'Abyssinie, qu'on rencontre en suivant cette route, et les habitans sont pour la plupart, dit-on, des esclaves fugitifs qui s'y réunissent des différentes parties de l'empire Abyssin.

De Beida à Kourmi.		3
De Kourmi à Hasseb-Ullah.		3

Le chemin que l'on parcourt pendant ces 3 journées, est montueux, tortueux et coupé par une infinité de ruisseaux. La civette est si commune dans le district d'Hassib-Ullah, qu'il y a, dit-on, dans chaque maison de quinze à vingt de ces animaux apprivoisés.

	Direction.	Nombre de journées.
D'Hassib-Ullah à Gondar.	E.	10

Chemin montueux et difficile.

Diférentes routes que suivent les marchands de Sennaar.

	Direction.	Nombre de journées.
De Sennaar au Gibel-el-Moié.	S. O.	1
Du Gibel-el-Moié au Bahr-el-Abiad.	O. S. O.	1 $\frac{1}{2}$
De Sennaar à Bahadîn.	S. S. O.	$\frac{1}{2}$
De Bahadîn à Menâjel.	S. O.	2
De Menâjel au Bahr-el-Abiad.	O.	2

Route de Gondar.

De Sennaar à Terfeia.		$\frac{1}{2}$
De Terfeia à Subî-Deleib.		$\frac{1}{2}$
De Subî-Deleib à Wallad-Midani.		$\frac{1}{2}$
De Midani au Bahr-el-Asrek.		$\frac{1}{2}$

	Direction.	Nombre de journées.
De la rivière à Mendala.		2
De Mendala à Kaila.		1

Kaila est un pays montueux.

De Kaila à Embutteik.		1

Chemin montueux et rempli de sables profonds.

D'Embutteik à *Goze*, c'est-à-dire, aux sables.		2
De Goze à l'Atbara.		3

Ce pays est habité par les arabes bischarîns, c'est-à-dire, mahométans.

De l'Atbara au Gibel-Cussa.		3
Du Gibel-Cussa au Gibel en Narr.		3
Du Gibel en Narr à Gondar.		12

Route un peu incertaine, et dont on n'a pu marquer les directions d'une manière bien précise.

De Goze ou des sables de l'Atbara, dont il a déjà été fait mention à El-Edd, habité par les Bijjès.		3

	Direction.	Nombre de journées.
D'El-Edd à Suakem.	N. E.	12

Ce pays est occupé par les arabes.

De Suakem au Gibel-el-Hellé.	O.	3
Du Gibel-el-Hellé au Gibel-el-Sillah.		2
Du Gibel-el-Sillah au Gibel-el-Beit.	S. O.	2
Du Gibel-el-Beit à Birbîr.		6

De Suakem à Birbîr, le pays est, dit-on, rempli de rochers. Birbîr est situé dans un terrain argilleux.

De Birbîr à Oullad-el-Megedoub.		2
De Oullad-el-Megedoub à Bischarié.	S.	2
De Bischarié à Schoukourié.		3

Les Bischariés et les Schoukouriés ont donné leur nom aux divers pays qu'ils habitent. Les premiers sont une race étrangère. Les autres sont arabes et parlent leur langue maternelle.

Arabes.

	Direction.	Nombre de journées.
Des Schoukouriés aux Hellaliés.		4
Des Hellaliés au Bahr-e-Asrek.		2
Du Bahr-el-Asrek à Em-Uschar.		1
D'Em-Uschar à Oullad-el-Fourouk.		1
De Oullad-el-Fourouk à Hoummour.		2

Terre argilleuse.
Peuplades mahométanes.

D'Hoummour à Senout-Aboud.		2

D'Ibeït à Eudurmân et Halfeïa, et retour à Ibeït par un autre chemin.

D'Ibeït à Bahra.	E.	1 ½
De Bahra à Emganatou.	N. E.	2
D'Emganatou à Schegeïk.	N. E.	1
De Schegeïk à Gimmoyé.	N.	2
De Gimmoyé à Emdourmân.	N.	2

Tout ce pays est habité

par des mahométans, qui ne parlent pas d'autre langue que l'arabe. Gimmoyé et Emdourmân sont situés tous les deux sur le bord occidental du Bahr-el-Abiad. C'est auprès d'Emdourmân que cette rivière se réunit à l'Abaoui.

En retournant vers l'ouest, on trouve,

	Direction.	Nombre de journées.
D'Emdourmân à l'Harraza, montagne très-difficile à traverser.	S. O.	3

Cette route est déserte, et l'on n'y rencontre pas d'eau.

Les habitans de l'Harraza sont idolâtres. Il y en a de plusieurs couleurs, mais la plupart ont la peau tirant sur le rouge. Ils élèvent des chevaux qui sont leurs montures ordinaires.

D'Harraza à Abou-Hadîd.		1
D'Abou-Hadîd à Zeraouy.	S. O.	$\frac{1}{2}$
De Zeraouy à Escherchar.		1

APPENDICE.

Escherchar est fameux pour le sel qu'on y ramasse, et que les arabes qui l'habitent, vont vendre en différens lieux. Les habitans de Zeraouy, Harraza et Abou-Hadîd ne sont ni arabes, ni mahométans.

	Direction.	Nombre de journées.
D'Escherchar à Bischérié,	S.	1

Ce pays est désert.

On trouve à Bischérié une grande abondance de palmiers.

| De Bischérié à Bahra. | S. S. O. | 1 |
| De Bahra à Ibeit. | | 1 ½ |

Route d'Ibeit à Scheibôn, où l'on trouve des mines d'or. Retour à Ibeit par un autre chemin.

D'Ibeit à Bahra.	E.	1 ½
De Bahra à Khoûkjé.	S. E.	4 ½
De Khoûkjé à Abou-Jenouch.	S.	1
D'Abou-Jenouch à Seijé.	E.	½
De Seijé à Toummara.	S. E.	2

Le chemin qui conduit de Seijé à Toummara est coupé de rochers, dont les intervalles sont remplis de sables profonds ou de terrains argilleux.

	Direction.	Nombre de journées.
De Toummara à Demik.	S. $\frac{1}{4}$ E.	3

Entre Abou-Jenouch et Demik on ne rencontre que des idolâtres. Ces peuples n'ont point l'usage des vêtemens. Le sol de Demik et des environs est entièrement composé d'argile.

De Demik à Khéga.	S. $\frac{1}{4}$ E.	2
De Khéga à Dibou.	S. S. E.	$\frac{1}{2}$

Ce chemin est montueux et coupé de rochers.

De Dibû à Scheibôn.	S. S. E.	1 $\frac{1}{2}$

Terrain argilleux.

Près de Scheibôn est un ravin profond ou une vallée, dans laquelle on trouve beaucoup d'or soit en poudre, soit en morceaux assez petits. Les naturels du pays recueillent la poudre dans les tuyaux des plumes d'autruche et de vautour, et c'est ainsi qu'ils la vendent aux marchands. Lorsqu'ils découvrent un gros morceau d'or, ils ne l'emportent qu'après avoir tué une brebis devant l'endroit où ils l'ont trouvé. Ils sont noirs, ainsi que tous ceux qu'on rencontre depuis Abou-Jenouch. L'union des deux sexes est, chez eux, accompagnée de quelque espèce de formalité, c'est-à-dire, d'une sorte de consentement public. Quelques herbes tressées, couvrant à peine une très-petite partie de leur corps, voilà l'unique vêtement des femmes mariées et des filles qui ont atteint l'âge de puberté ; les autres vont absolument

Direction.	Nombre de journées.

nues. Parmi les nombreux esclaves qu'on tire de ce pays, les uns sont demeurés prisonniers dans les guerres fréquentes qu'ils se font entre eux : la trahison a fait tomber les autres au pouvoir de ceux qui les vendent. On prétend, d'ailleurs, que rien n'est plus commun, dans les tems de disette, que de voir un père vendre ses enfans.

On trouve, à Scheibôn, quelques mahométans parmi les idolâtres. Ceux-là portent des vêtemens ; on ne m'a pas dit s'ils étoient ou non de race arabe.

● Les peuples, dont nous venons de parler, forment différentes peuplades de nègres, qui n'obéissent qu'à leurs chefs particuliers, dont encore l'autorité est peu de chose, si ce n'est en tems de guerre. Le mek de Sennaar avoit coutume de demander quelques tributs aux peuples de Scheibôn, mais ces tributs n'avoient rien de fixe, soit pour la quotité, soit pour le tems des paiemens.

	Direction.	Nombre de journées.
De Scheibôn à Schourrou. De Schourrou à Louca.	O. S. O.	1 1/2

Les peuples de Louca sont aussi gouvernés par un chef indépendant. Louca est connu par ses mines d'or. Ce métal est de même qu'à Scheibôn, le seul signe d'échange entre les habitans du pays.

| De Louca à Koheila. | O. | 1 1/2 |

Koheila est habité par des arabes qui ne dépendent d'aucun des rois de la contrée. On trouve parmi eux quelques idolâtres.

	Direction.	Nombre de journées.
De Koheila à la ville de Tlinga.		1
Les habitans de Tlinga sont mahométans ; les arabes donnent à ce pays le nom de Dar-Kimana.	O. ¼ O.	
De Tlinga au Gibel-Sahd.		½
Le Gibel-Sahd dépend de l'empire de Sennaar.		
Du Gibel-Sahd à Baha-ed-dîn.	N.	1

Toujours dans le pays de Dar-Kimana.

De Baha-ed-dîn au Gibel-el-Abid.	N. N. E.	1
Du Gibel-el-Abid à Toumboûl.	N.	1
Toumboûl dépend du roi de Tuclaoui.		
De Toumboûl à Seisabân.		1
Seisabân n'est habité que par des arabes.	N.	
De Seisabân à Abdome.		⅔

	Direction.	Nombre de journées.
D'Abdome à Touggala, capitale du royaume de Tuclaoui.	} N.	½
Ce canton est connu sous le nom de Sagournié, pays des montagnards.		¾
De Touggala à Deir.		1
De Deir au Gibel-el-Deir.		1
Du Gibel-el-Deir à Gibel-el-Bouclé.	N. N. O.	1
Du Gibel-el-Bouclé à Ibeit.	N.	¾

De Ril à Wara, capitale du Bergou.

De Ril au Gibel Marra, *sables profonds.*	O.	2
Du Gibel-Marra à Bischara Taib.	O.	2
De Bischara-Taib aux confins du Dar-four.	O.	5

Tous ces chemins sont montueux et coupés de rochers. En partant de Ril et en allant vers l'ouest, on ne trouve jusqu'au Dar-four

	Direction.	Nombre de journées.
que des mahométans. Les sources sortant de la haute montagne nommée Gibel-Marra offrent quelques particularités remarquables. On dit que les eaux en sont sulfureuses. Le froment croît en abondance dans ces cantons, et compose, avec le mahreik, la nourriture des habitans.		
Toûmoûrkées est le nom des peuples qu'on rencontre sur les confins du Four à l'occident de ce royaume.		
Des confins du Four au Dar-Rouma.	O. ¼ N.	8
Le pays est désert, le sol mêlé de sable et d'argile ; on y trouve un peu d'eau.		
Du Dar-Rouma à Kibbéid.	N. E.	2
Kibbéid est situé sur une colline ou plutôt un rocher.		

	Direction.	Nombre de journées.
De Kibbéid à Kajachsha.		1
De Kajachsha à Bendala.		1 ¾
Bendala est le séjour des esclaves du sultan du Bergou. Le peuple de Rouma est idolâtre, ainsi que tout ce qu'on rencontre ensuite jusqu'à Bendala.	N. E.	
De Bendala à Oullad-el-Boucca.		1
Le canton de Boucca est très montueux.		
De Boucca au Dar-Misselâd.		1
Du Dar-Misselâd à Wara, résidence du sultan du Bergou.		2 ¾
De Wara au Bahar-el-Gazalle.		
De Wara à Nimr, où tous les marchands du pays font leur séjour, comme ceux du Dar-Four le font à Cobbé.	O.	½

	Direction.	Nombre de journées.
De Nimr à Battah.		2

Battah est situé sur une petite rivière qui coule d'abord vers le sud, et qui tournant ensuite à l'occident va se jeter dans le Bahr-el-Fittré.

Battah appartient aux Misselâds.

	Direction.	Nombre de journées.
De Battah à Dirota.	O.	1
De Dirota au Dar-Hoummâr.		1

De Dirota au Dar-Hoummâr on traverse un sol argilleux.

	Direction.	Nombre de journées.
Du Dar-Hoummâr à Coseiât.		1

Le Dar-Hoummâr est un pays de rochers.

	Direction.	Nombre de journées.
De Coseiât à Schungeiât.		1

Ce sont deux villes habitées par des nations idolâtres.

	Direction.	Nombre de journées.
De Schungeiât au Dar-Dajeou.		2

	Direction.	Nombre de journées.
Du Dar-Dajeou au Dar-Couka.		3
Ce pays est peuplé de mahométans.		
Du Couka à Muddago.		2
Muddago est habité par des mahométans qui reconnoissent la domination d'un petit prince, dépendant du roi de Bergou.		
De Muddago au Bahr-el-Fittré.		1 ½
On trouve sur les bords du Bahr-el-Fittré une peuplade de mahométans connus sous le nom d'Abou-Femmîn. Ils se servent de petits bateaux qui les transportent sur la rivière d'un endroit à l'autre.	N. O.	
Du Bahr-el-Fittré au Bahr-el-Gazalle.		2
Chemin rempli de sables profonds sans aucun arbre.		

Les environs du Bahr-el-Gazalle sont habités par des arabes, qui ont des troupeaux de chameaux, de brebis et quelques bœufs.

Route de Koukjé au Bahr-el-Ada, et delà au Bahr-el-Abiad.

	Direction.	Nombre de journées.
De Koukjé à Baraka.	S. S. O.	3

Baraka est habité par des arabes indépendants.

De Koukjé à Barraka la plus grande partie du chemin est occupée par des sables profonds ; mais depuis Baraka, en suivant le Bahr-el-Ada, on trouve par-tout un sol d'argile. Cette partie des bords de la rivière est habitée par différentes tribus d'arabes, dont l'occupation est d'élever des troupeaux de vaches et de brebis. Ces arabes portent le nom de Missiciés. Ce même rivage offre diverses espèces d'animaux sauvages et féroces. Les Missiciés réunissent tous leurs cheveux derrière leur tête, les tournent, et en font une espèce de corde qu'ils attachent ensuite en lui donnant la forme de la queue d'un scorpion. La chasse de l'éléphant est une de leurs occupations. Ils recueillent une grande quantité de miel sauvage.

	Direction.	Nombre de journées.
De Baraka à Tourrât.	S. E.	4
De Tourrât à Jungeiôn.	S. E.	1

Le peuple de Jungeiôn est noir; les individus qui le composent sont en général d'une haute taille. Ils élèvent des troupeaux de vaches, de brebis et de chèvres, et composent leurs lits du fumier de ces animaux, qu'ils ont d'abord fait secher, et ensuite griller sur le feu. Ce peuple est très-nombreux ; le pays qu'il habite et les environs forment une vaste plaine d'un sol argilleux. Il existe parmi ces pasteurs une coutume qui doit certainement tenir à quelque notion superstitieuse. Non-seulement ils ont toujours soin de traire leurs vaches dans un vase d'une embouchure si étroite qu'il est impossible de voir ce qu'il y a dedans, et de ne verser jamais le lait dans aucun vaisseau où il puisse être plus à découvert ; mais l'étranger qui vient leur rendre visite est obligé de le sucer au trayon même de la vache.

	Direction.	Nombre de journées.
De Jungeiôn à Shâd.	S. E.	1
De Shâd à Inigulgulé.	N.	½

Route de Koukjé au Bahr

	Direction.	Nombre de journées.
el-Ada, delà au Bahr-el-Abiad. Retour à Ríl.		

Les habitans d'Inigoulgoulé sont idolâtres. Ils portent une espèce de vêtement fait d'un tissu de coton.

	Direction.	Nombre de journées.
D'Inigoulgoulé à la résidence du roi d'Ibbé.	E. $\frac{3}{4}$ N.	1 $\frac{1}{2}$
De la résidence du roi d'Ibbé aux confins du Dar-Four.	N. O.	4
Des confins du Dar-Four à Toubeldié.		2
De Toubeldié à Ríl.		8

Ce pays est sablonneux, cependant on y rencontre beaucoup de très-gros arbres.

Route du Bahr-el-Gazalle à Bornou.

	Direction.	Nombre de journées.
Du Bahr-el-Gazalle à la capitale du Dar-Baghermi.	N. O.	3

	Direction.	Nombre de journées.
De la capitale du Dar-Baghermi à Kottocomb. Ce canton est habité par des mahométans. On y rencontre deux rivières qu'on est obligé de traverser pour arriver à Kottocomb. L'une des deux qu'on nomme la *Kitchena* coule du S. E. au N. O. De Kottocomb à la ville de Bornou où réside le chef du royaume de ce nom.	N. ¼ O.	18

Le terrain du pays que l'on parcourt entre Kottocomb et Bornou est en partie sablonneux, en partie composé d'argile. On y trouve beaucoup d'arbres. D'après ce qu'on m'a dit, il doit se trouver une forêt dans le voisinage du Bahr-el-Gazalle.

La ville de Bornou est entourée d'un mur; elle a

quatre portes, situées vers les quatre points cardinaux. Elle est traversée par une petite rivière qui va ensuite se jeter dans le Bahr-el-Gazalle.

Le royaume de Bergou s'étend, dit-on, de quinze journées de l'est à l'ouest, et de vingt du nord au sud. Celui de Baghermi de douze de l'est à l'ouest, et de quinze du nord au sud. Le royaume de Baghermi a beaucoup de troupes sur pied, cependant on regarde celui de Bergou comme plus puissant. Les peuples du Bergou sont remarquables pour la ferveur avec laquelle ils professent la religion mahométane. La lecture du koran est pour eux une occupation journalière.

Quelques particularités sur le royaume de Bergou.

Environ à une journée

Direction. Nombre de journées.

de Wara, dit-on, se trouvent huit hautes montagnes habitées par huit petits peuples parlant chacun un langage différent. Ces peuples sont mahométans, et, selon ce qu'on assure, très-courageux, et toujours prêts à fournir au sultan de Bergou toutes les troupes qu'il leur demande. L'une de ces montagnes, désignée sous le nom de *Kergna*, est située vers le sud-est. Une autre, située à l'ouest, est habitée par un peuple connu sous la dénomination de Wullad-Mazé; le Gibel *Mimi* se trouve au nord; le Gibel Absenûn à l'est, et le Gibel Abdourroug de même à l'est.

Les autres montagnes du Bergou sont le Gibel Tama, à deux journées de Wara; au nord, le Gibel Kashimirié, et le Gibel Abou-Hadîr

Direction. Nombre de journées.

à la même distance ; la première à l'ouest, et la seconde à l'est.

A trois journées de Wara, vers l'ouest, on trouve la rivière connue sous le nom de Bahr-el-Misselâd.

Route de Wara à Cubcabéa dans le royaume de Four. Retour à Wara par une autre route.

	Direction.	Nombre de journées.
De Wara à Abou-Schareb.	S. E.	5
D'Abou-Schareb aux confins de Four.	E. ¼ S.	1 ½
Des confins de Four à Emdokné.	E.	1
D'Emdokné au Dar-Misseladîn	E. ¼ S.	1
Du Misseladîn à Cubcabéa.		3
De Cubcabéa à Gellé.	N. O. ¼ O.	1
De Gellé à Gimmer.	N. E. ¼ N.	4

Le sultan de Gimmer est dépendant de celui de Four. Ses sujets sont mahométans. De Gellé à Gimmer, le terrain est sablonneux et coupé de rochers. On y trouve de l'eau.

	Direction.	Nombre de journées.
De Gimmer à Zeghawa.	E. ¼ N.	2

Chemin montueux.

Le sultan de Zeghawa dépend aussi de celui de Four.

	Direction.	Nombre de journées.
De Zeghawa à Tama.	} N. N. O.	2 ¼
De Tama aux confins du royaume de Four.		1
Des confins du royaume de Four à Abou-Senoun.		2
D'Abou-Senoun à Wara.	O.	8

Chemin que prennent quelquefois les marchands de Bergou.

De Wara à Emjoufour.		2
D'Emjoufour à Timé Degeou.		1 ½

Autre route.

	Direction.	Nombre de journées.
De Wara à Joumbo.	} N. durant quelquefois un peu vers l'E.	1
De Joumbo à Doreng.		1
De Doreng à Dageou.		2

Le chemin est sablonneux et le pays habité par des mahométans.

De Dageou à Kergna.		2

APPENDICE.   347

| | Direction. | Nombre de journées. |

De Kergna à Ghannîm. ⎫   2
De Ghannîm à Douida. ⎪   2

Le chemin est montueux, ⎪
le terrain sablonneux et ⎬ N. durant quelquefois un peu vers l'E.
rempli d'arbres. ⎪

Le pays est habité par des ⎪
mahométans, qui recon- ⎪
noissent l'empire du sultan ⎪
de Bergou. ⎭

De Douida à Bencia.   1
De Bencia à Dongata.   3
De Dongata à Bendala.   O.   3

Montagnes.

De Bendala à Boujid.   S. S. O. 2
De Boujid à Kibbeid.   3

Chemin montueux.

De Kibbeid à Kajachsa. ⎫   2
De Kajachsa à Baniân. ⎬ S.   2
De Baniân à Ain.   ⎪   3
D'Ain à Kouddano.   ⎭   1
De Kouddano à Gizân.   S. E.   2
De Gizân à Wara.   S.   4

Autre chemin partant de **Wara** *et retour à* **Wara**.   Direction.   Nombre de journées.

De Wara à Middeisîs.	⎫	2 ½
De Middeisîs à Beit-el-Habbouba.	⎪	2
De Beit-el-Habbouba à Trouanié.	⎬ N. E.	2 ½
De Trouanié à Gidîd.	⎪	1 ½
De Gidîd à Kouddano.	⎪	2
De Kouddano à Wara.	⎭	3

Autre chemin.

De Wara à Birket-el-Rumli.	O. S. O.	4
De Birket-el-Rumli à Goze, c'est-à-dire, aux *sables*,	N.	2
De Goze à Dirota.	E.	2 ½
De Dirota à Boutta.	E.	2
De Boutta à Wara.	E.	2

Près de Boutta, coule une petite rivière dont on ne put m'apprendre le nom. La route que je viens d'indiquer est couverte d'une sorte d'arbres qui porte, m'a-t-on dit, des feuilles blanches, et dont le fruit n'est bon que pour les chameaux qui le recherchent avec avidité. Cet arbre se nomme *coulcoul*.

Route de Cobbé aux mines de cuivre du Fertît.

	Direction.	Nombre de journées.
De Cobbé à Coussé.		1
De Coussé à Courrio.		1 ¾
De Courrio à Treiga.		1
Chemin sablonneux.		
De Treiga à Beit-Melek-Eide.		1
De Beit-Melek-Eide au Dar-Misselad.		3
Pays coupé de rochers.	S. ¼ O.	
Du Dar-Misselad au Dar-Marra.		1
Caffres. Du Dar-Marra au Dar-Foungaro.		3
On fait une journée et demie de chemin dans des montagnes, le reste à travers des forêts ou des plaines d'un sol argilleux.		
Du Dar-Foungaro à Dar-el-Abid-es-Sultan-Four.		2 ⅔

	Direction.	Nombre de journées.
Du Dar-el-Abid au Dar-el-Nahas.		8 ¾

Chemin coupé de rochers, terre fort rouge.

Excepté le voile aussi léger qu'exigu, que ces peuples accordent à la pudeur, ils vont, du reste, absolument nus.

	Direction.	Nombre de journées.
Du Dahr-el-Nahas au Bahr-el-Taisha.	E.	3
Du Bahr-el-Taisha au Bahr-el-Abiad.		4 ½

Le Bahr-el-Taisha se jette dans le Bahr-el-Abiad auprès d'un lieu nommé *Tenderni*, habité par des idolâtres qui portent le nom de *Cousni*. Ce canton est couvert de palmiers et d'une autre espèce d'arbres qui, d'après la description qu'on m'en a faite, ressembleroient beaucoup au cocotier.

On voit, par l'Itinéraire que nous ve nons de donner, que Cobbé est, en se dirigeant à-peu-près vers le sud, à vingt-trois journées des mines de cuivre, et que le Bahr-el-Abiad en est éloigné de sept journées et demie du côté de l'est.

Chemin depuis le Dar-Bergou jusqu'à la source du Bahr-el-Abiad.

On assure que la source du Bahr-el-Abiad se trouve à dix journées, au midi, d'Abou-Telfân; mais comme celui de qui je tirois des renseignemens sur cette route ne l'avoit jamais parcourue, je n'ai pu obtenir, à cet égard, aucun détail positif. Le canton où se trouve cette source, se nomme Donga. C'est le séjour du chef ou roi d'une nation d'idolâtres. Ce pays est très-montueux. L'endroit d'où la rivière tire sa source est, dit-on, un assemblage de montagnes, nommé *Koumri*, et l'on en compte jusques à quarante, d'où sortent beaucoup de ruisseaux qui se réunissent dans un même canal pour former le Bahr-el-Abiad. Les habitans du Bergou font quelquefois des courses dans ce canton pour y enlever des esclaves, mais il n'existe entre eux et les naturels du pays aucune espèce de commerce. Ces derniers sont idolâtres. Ils sont noirs et vont absolument nus. Leur pays est éloigné, dit-on, de vingt journées des confins du Bornou. Le chemin qui y conduit est montueux. De Donga à Schillouk on compte trente journées de marche.

APPENDICE. N.º III.

Table météorologique pour l'année 1794.

JOURS du mois.	JANVIER Hauteur du therm. à 7 h. du m.	Hauteur du therm. à 3 h. après m.	Direction d vent.	JOURS du mois.	FÉVRIER Hauteur du therm. à 7 h. du m.	Hauteur du therm. à 3 h. après m.	Direction du vent.
1	58	76	Toujours au Nord.	1	62	69	Pas de direction fixe. N. N.
2	60	76		2	61	72	
3	59	75		3	58	74	
4	61	80		4	58	73	
5	60	79		5	52	70	
6	61	79		6	50	70	
7	57	78		7	54	73	
8	53	75		8	55	74	
9	58	78		9	53	71	
10	59	80		10	56	76	
11	56	75		11	60	78	
12	51	72		12	61	77	
13	53	73		13	65	81	
14	49	70		14	64	81	
15	50	70		15	61	80	S. O. et S.
16	52	74	O.	16	63	82	
17	51	74	O.N.O.	17	62	80	
18	51	76		18	60	81	
19	53	78		19	58	76	
20	55	76	N. O.	20	58	75	
21	53	74		21	55	75	O. O. S. O. S.
22	56	79	O.	22	56	75	
23	55	78		23	55	72	
24	51	72	O.S.O.	24	54	72	
25	52	76		25	56	71	
26	58	80		26	53	70	
27	57	80	S. O.	27	54	75	
28	60	81		28	52	71	
29	63	82					
30	60	80					
31	61	81					

TABLE *météorologique pour l'année* 1794.

JOURS du mois.	MARS. Hauteur du therm. à 7 h. du m.	Hauteur du therm. à 3 h. après m.	Direction du vent.	JOURS du mois.	AVRIL. Hauteur du therm. à 7 h. du m.	Hauteur du therm. à 3 h. après m.	Direction du vent.
1	73	83		1	80	97	
2	72	83		2	79	96	
3	74	84		3	79	97	
4	74	85	O.	4	78	95	
5	73	82		5	82	98	
6	76	84		6	80	96	
7	80	83		7	81	96	
8	80	84	S.	8	79	95	En général N. ou N.N.O.
9	76	84	S.	9	80	94	
10	76	84	S.O.S.	10	80	94½	
11	72	85		11	81	96	
12	75	86		12	82	96	
13	73	84		13	79	94	
14	73	84		14	80	95	
15	74	86	S.O.	15	82	98	S.
16	76	86		16	83	98	S.S.E.
17	77	86		17	83	98½	S.
18	75	87	S.E.	18	83	99	S.E.
19	78	87	S.	19	80	97	
20	80	83	S.E.	20	81	97	S.
21	79	86		21	81	96	S.
22	80	81	S.E.	22	79	95	
23	81	81		23	80	94	N.O.
24	79	87	S.	24	82	96	S.
25	78	85	S.	25	82½	98	S.
26	77	85	S.	26	82	98	S.
27	79	85		27	84	100	S.
28	76	84		28	84	101	
29	79	86		29	83	101	
30	77	85	O.S.O.	30	80	95	N.O.
31							

APPENDICE.

Table météorologique pour l'année 1794.

	MAI.				JUIN.		
JOURS du mois.	Hauteur du therm. à 7 h. du m.	Hauteur du therm. à 3 h. après m.	Direction du vent.	JOURS du mois.	Hauteur du therm. à 7 h. du m.	Hauteur du therm. à 3 h. après m.	Direction du vent.
1	85	99		1	80	94	N. O.
2	88	92		2	77	86	N. O.
3	88	94		3	82	90	N. O.
4	86	95		4	83	94	N.
5	85	95	S. ou S. E. pendant la plus grande partie du mois.	5	83	94	N. E.
6	84	94		6	84	94	S. E.
7	84	96		7	84	95	S. S.
8	84½	96		8	82	97	S.
9	85	97		9	81	90	N. O.
10	86	97		10	81	90	N. O.
11	87	97		11	83	87	
12	87	98		12	86	89	N. O.
13	87	99		13	87	91	N. O.
14	82	99		14	87	95	S. E.
15	81	94		15	86	95	S. E.
16	82½	95		16	88	95	S. S.
17	86	99		17	87	96	S. S.
18	86	99		18	82	96	S.
19	85	97		19	83	89	
20	86	96½		20	82½	88	
21	84	94		21	81	88	
22	83	90		22	81	90	
23	85	96		23	80	91	Généralement S. E.
24	87	96		24	80	92½	
25	86	98		25	79	92	
26	86	96		26	76	90	
27	88	97		27	77	90	
28	87	99		28	79	94	
29	87	100		29	80	97	
30	85	98		30	81	97	
31	84	98					

356 APPENDICE.

Table météorologique pour l'année 1794.

	JUILLET.				AOUT,		
JOURS du mois.	Hauteur du therm. à 7 h. du m.	Hauteur du therm. à 3 h. après m.	Direction du vent.	JOURS du mois.	Hauteur du therm. à 7 h. du m.	Hauteur du therm. à 3 h. après m.	Direction du vent.
1	82	93		1	79	90	
2	85	95		2	99	93	
3	85	98		3	82	93	S. E.
4	85	94		4	80	91	S.
5	83	94	S. E. ou point de vent.	5	80	91	
6	85	94½		6	84	96	
7	87	95		7	85	95	
8	86	97		8	82	94	
9	87	97		9	82	93	N.
10	88	97		10	83	94	N. N. O.
11	87	95		11	84	94	E.
12	84	93		12	83	94	S. E.
13	82	93		13	86	97	
14	82	90		14	84	92	
15	82	91		15	84	92	
16	81	92½		16	85	94	
17	83	94	N. O.	17	82	91	S.
18	83	94	N.	18	80	92	
19	83	93	N. O.	19	75	92	
20	86	95	S. O.	20	80	93	N. O.
21	85	96	O.	21	81	94	S. E. E.
22	86	96	S. O.	22	81	94	
23	84	92		23	83	94	
24	80	92		24	84	97	
25	80	91		25	84	97	
26	81	93	S. ou S. E.	26	80	92	La plupart du tems S. ou S. E.
27	82½	94		27	83	92	
28	82	94		28	82	93	
29	85	97		29	84	95	
30	85	98		30	85	95	
31	85	98		31	84	96	

APPENDICE.

Table météorologique pour l'année 1794.

	SEPTEMBRE.				OCTOBRE.		
JOURS du mois.	Hauteur du therm. à 7 h. du m.	Hauteur du therm. à 3 h. après m.	Direction du vent.	JOURS du mois.	Hauteur du therm. à 7 h. du m.	Hauteur du therm. à 3 h. après m.	Direction du vent.
1	82	94		1	78	90	
2	79	92	E. ¼ S.	2	78	90	
3	78	92	E. S. E.	3	77	91	La plupart du tems N.
4	80	95		4	80	91 ½	
5	81	95		5	76	90	
6	80	94	E.	6	77	92	
7	78	93		7	82	92	
8	82	94	S. E. E.	8	82	93	
9	82	96	S. ¼ E.	9	80	92	
10	80	95		10	79	92	
11	84	95	S. E. ⅜ E.	11	78	90	
12	84	93		12	80	89	
13	83	94	S. E.	13	81	90	
14	81	92		14	76	90	N. E.
15	84	95		15	76	88	N.
16	80	94		16	76	89	N.
17	79	90	E.	17	79	91	
18	80	91	E. N. E.	18	78	90	N. N. E.
19	80	92	N. E.	19	80	89	
20	78	92		20	82	94	
21	82	94		21	82	93	
22	82	93		22	79	93	N. O.
23	79	90		23	80	93	
24	80	93		24	78	89	N.
25	79	94	La plupart du tems, N. E.	25	78	90	N.
26	78	92		26	80	91	N. O.
27	80	92 ½		27	79	92	
28	82	94		28	77	90	
29	83	95		29	77	89	
30	80	92		30	76	89	O.
				31	79	90	

Table météorologique pour l'année 1794.

NOVEMBRE.				DÉCEMBRE.			
JOURS du mois.	Hauteur du therm. à 7 h. du m.	Hauteur du therm. à 3 h. après m.	Direction du vent.	JOURS du mois.	Hauteur du therm. à 7 h. du m.	Hauteur du therm. à 3 h. après m.	Direction du vent.
1	79	91		1	68	80½	N. O.
2	78	88		2	69	80	N. O.
3	78	88		3	71	81	
4	76	87		4	73	82	N. N. O.
5	78	88		5	73	83	S. O.
6	78	86	O. et souvent S. O.	6	72½	82	S. et E.
7	76	86		7	71	80	S. E.
8	74	85		8	73	83	
9	75	86		9	72	80	
10	74	85½		10	72	83	N. O.
11	73	84		11	69	80	N. O.
12	73	85		12	68	79	N. O.
13	73	86		13	68	81	N.
14	76	86		14	68	82	N. et O.
15	72	83½		15	67	81	Pas de direction fixe.
16	74	84		16	66	82	
17	74	82	N. O.	17	66½	82	
18	73	82	N.	18	67	81	
19	75	82	N.	19	67	81	
20	74	83	N.	20	68	82	
21	72	81	N.	21	70	84	
22	72	81½		22	71	84	S. et S. E.
23	73	81½		23	70	84	
24	73	82		24	70	82	
25	72	83	N. ou N. O.	25	70	81½	
26	74	83½		26	66	80½	
27	73	82		27	66	81	
28	73	81½		28	65	79	N. O.
29	72	82		29	67	79	N. O.
30	71½	83		30	67	81	
				31	68	81	

APPENDICE.   359

Table météorologique pour l'année 1795.

JANVIER.				FÉVRIER.			
JOURS du mois.	Hauteur du therm. à 7 h. du m.	Hauteur du therm. à 3 h. après m.	Direction du vent.	JOURS du mois.	Hauteur du therm. à 7 h. du m.	Hauteur du therm. à 3 h. après m.	Direction du vent.
1	59	75	}La plupart du tems N.O. ou N. et très-violent. }S. et S.E. ou point de vent.	1	57	74	N.
2	64	78		2	56	75	N.
3	58	74		3	59	75	N.O.
4	58	76		4	60	77	N.
5	60	76		5	60	76	
6	61	76		6	61	76	N.O.
7	62	77		7	57	72	N.
8	63	78		8	48	66	N.
9	63	76		9	50	71	
10	63	76		10	54	71	
11	60	75		11	52	74	N. NO.
12	57	69		12	55	76	
13	57	69		13	55	74	N.O.
14	57	71		14	57	75	
15	56	73		15	56	76	
16	56	73		16	59	76	
17	55	72 ½		17	59	76	
18	59	77		18	60	78	}La plupart du tems S.
19	58	77		19	60	80	
20	58	78		20	63	80	
21	60	81		21	64	81	
22	60	79		22	65	81	
23	59	79		23	65	83	
24	60	79		24	65	82	
25	58	80		25	64	82 ½	
26	62	80		26	64	82	
27	60	81		27	66	83	
28	62 ½	81		28	66	84	
29	60	80					
30	61	80					
31	59	78 ½					

APPENDICE.

Table météorologique pour l'année 1795.

MARS.   AVRIL.

JOURS du mois.	Hauteur du therm. à 7 h. du m.	Hauteur du therm. à 3 h. après m.	Direction du vent.	JOURS du mois.	Hauteur du therm. à 7 h. du m.	Hauteur du therm. à 3 h. après m.	Direction du vent.
1	65	81		1	70	90	N. O.
2	66	84		2	72	90	N.
3	66	80		3	72	92	
4	66	82	Très-variable.	4	73	92	
5	74	86		5	76	93	
6	72	90		6	76	93	
7	74	90		7	77	93	
8	74	91		8	77	94	
9	69	88		9	77	94	
10	68	88		10	80	96	
11	68	90		11	80	96	S.S.E.
12	71	90		12	76	92	
13	72½	92		13	75	92	
14	73	92	S. O.	14	74	92	
15	71	92	S. O.	15	74	91	
16	70	91		16	73	92	
17	72	91	O.	17	75	93	
18	74	92		18	75	95	
19	75	93		19	76	95	
20	76	93		20	76	95	
21	75	93		21	77	94	
22	75	92½		22	77	94	Variable.
23	74	93		23	76	94	
24	72½	92		24	74	93	
25	71	92		25	74	93	
26	77	94	S.	26	72	93	
27	74	91		27	73	95½	
28	76	90		28	72	94	
29	76	93		29	73	94	
30	73	92		30	75	95½	
31	70	91	N. O.				

APPENDICE. 361

Table météorologique pour l'année 1795.

	MAI.				JUIN.		
JOURS du mois.	Hauteur du therm. à 7 h. du m.	Hauteur du therm. à 3 h. après m.	Direction du vent.	JOURS du mois.	Hauteur du therm. à 7 h. du m.	Hauteur du therm. à 3 h. après m.	Direction du vent.
1	77	93	N.	1	76	88	N. O.
2	76	94	N.	2	76	92	
3	76	94	N.	3	78	93	N.N.O.
4	77	94		4	77	92½	
5	75	93	N. O.	5	80	90	
6	77	96	N.N.O.	6	78	91	N.
7	78	96		7	78	92	N. O.
8	78	96	S.	8	79	92	
9	76	95		9	81	98	
10	76	95		10	83	98	
11	74	92		11	82	98	S.
12	73	92		12	81	97	
13	73	91	N. E.	13	70	97	
14	72	91	N. E.	14	79	95	
15	70	89	N. E.	15	76	94	
16	79	89		16	76	94	
17	71	89		17	77	93	
18	75	92	S. E.	18	77	94	
19	73	92	S. E.	19	80	95	
20	75	92½		20	80	94	La plupart du tems S.
21	74	95	S.	21	81	96	
22	74	95	S.	22	78	92½	
23	76	95	S.	23	76	98	
24	78	100	S. E.	24	80	98	
25	79	98	S.	25	79	96	
26	78	98	S.	26	81	97	
27	79	98	S.S.E.	27	82	97	
28	77	96		28	80	96	
29	77	95	N. O.	29	79	94½	
30	78	96		30	82½	96	
31	78	97					

Table météorologique pour l'année 1795.

JUILLET.				AOUT.			
JOURS du mois.	Hauteur du therm. à 7 h. du m.	Hauteur du therm. à 3 h. après m.	Direction du vent.	JOURS du mois.	Hauteur du therm. à 7 h. du m.	Hauteur du therm. à 3 h. après m.	Direction du vent.
1	80		N. ou N. O. par intervalles très-courts; mais la plupart du tems S. ou S. E. ou point de vent.	1	78	95	
2		96		2	78	94	
3				3	75	92	
4				4	74½	93	
5				5	73	92	
6		92		6	77	95	
7				7	78	97	
8	78	91		8	79	96	S.
9	80	96		9	77	98	S.S.E.
10	81	98		10	81	100	
11	81	101		11	80		
12	80	97		12	79		
13	79	97		13	76	94	
14	80	96		14	78	94	
15	78	93		15	79	95	
16	77	93		16	78	95	
17	78	92		17	76	95	
18	76	92		18	79	96	
19	78	94		19	80	99	S.
20		93		20	77	94	
21	76	91		21	76	94	
22	79	94½		22	75	94	
23	80	94		23	77	95	
24	80	93		24	77	93	N.O.
25	81	95		25	75	93	N.O.
26	77	92		26	76	94	N.N.O.
27	78	92		27	75	92	N.
28	78	94½		28	78	94	
29	79	96		29	80	96	S.O.
30	79	94		30	78	95	S.
31	80	99		31	77	95	

APPENDICE. 363

Table météorologique pour l'année 1795.

SEPTEMBRE.				OCTOBRE.			
JOURS du mois.	Hauteur du therm. à 7 h. du m.	Hauteur du therm. à 3 h. après m.	Direction du vent.	JOURS du mois.	Hauteur du therm. à 7 h. du m.	Hauteur du therm. à 3 h. après m.	Direction du vent.
1				1	76	90	
2				2	75	91	
3				3	80	93	N.
4				4	78	93	
5				5	77	92	
6				6	77	90	
7	77	93	} Toujours S. E. ou S.	7	77	91	
8	80	95		8	76	91	
9	81	95		9	78	92	
10	79	93		10	80	92	
11	78	93		11	75	90	N. O.
12	80	94		12	74	87	N. N. O.
13	77	92		13	74	86	
14	75	92		14	72	86	N. O. N.
15	74	90		15	72 ½	86	
16				16	73	84	
17				17	75	86	
18				18	77	87	N.
19				19	76	87	
20				20	80	89	
21				21	76	86	
22				22	75	85	
23				23	75	84	
24				24	74	84	
25				25	76	84 ½	
26				26	75 ½	86	
27				27	74	84	
28				28			
29	75	90	N. E.	29	72	81	
30	74	90	N. E.	30	73	81	
				31	72	81	

Table météorologique pour l'année 1795.

NOVEMBRE.				DÉCEMBRE.			
JOURS du mois.	Hauteur du therm. à 7 h. du m.	Hauteur du therm. à 3 h. après m.	Direction du vent.	JOURS du mois.	Hauteur du therm. à 7 h. du m.	Hauteur du therm. à 3 h. après m.	Direction du vent.
1	70	83	S.	1			
2	72	87		2			
3	71	86		3			
4	72	86		4			
5	73	87		5			
6	69	88		6			
7	69	82	N. E.	7			
8	70	82	N.N.E.	8			
9	69	80		9			
10	68	80		10			
11	68	82		11			
12	69	80		12	59	71	
13	70	80		13	60	73	
14	68	79		14	62	79	
15	69	83		15	57	76	N.
16	72	86		16	57	77	
17	$72\frac{1}{2}$	84		17	58	79	
18	72	$83\frac{1}{2}$		18	57	78	
19	70	81		19	60	79	
20	71	82		20	60	80	
21	73	82		21	62	80	
22	72	83		22	$62\frac{1}{2}$	81	
23	72	84	S.	23	61	81	S. O.
24	$73\frac{1}{2}$	86		24	57	80	
25	73	85		25	58	80	
26	72	85		26	56	74	
27	74	82		27	60	76	
28	71	80		28	56	76	
29	70	80		30	57	76	
30	70	79		31	58	77	
					57	76	

N.º IV.
OBSERVATIONS

Sur quelques passages des ouvrages de Savary et de Volney, concernant l'Egypte (1).

Alexandrie, dit Savary, tom. I. p. 27 de son ouvrage, Alexandrie n'est qu'un village qui contient à peine six mille habitans. Et nous aussi nous avons remarqué combien Alexandrie étoit déchue de son ancienne splendeur : mais quelques vagues que doivent être des calculs fondés sur les bases que peut procurer un séjour de peu de mois, ou même de peu de semaines, il nous sera aisé de démontrer l'inexactitude de celui de Savary, en affirmant entr'autres faits capables de servir à la même preuve, que dans la guerre contre les russes, la seule ville d'Alexandrie a fourni au grand-seigneur, tant soldats de marine, que soldats

(1) Je desire beaucoup que le citoyen Volney réfute ce qui le concerne dans ces observations, et c'est principalement pour cela que je les ai traduites. (*Note du traducteur*).

de terre, quatre mille hommes en état de porter les armes.

Un autre calcul aussi exagéré dans le sens contraire, est celui du même auteur, qui porte à quatre-vingt mille le nombre des habitans de Damiette : c'est au moins le double de ce que renferme réellement cette ville.

Il tombe dans une erreur évidente, lorsqu'à l'article de la description topographique de Memphis, tom. I. p. 220, il parle d'un petit bourg nommé *Menf*, autrefois Memphis, et qu'il dit situé un peu au midi des pyramides. Il peut paroître extraordinaire qu'aucun écrivain avant Savary n'ait fait mention d'un lieu si remarquable par la conformité qui se trouveroit entre son nom et celui de cette ancienne métropole(1). De plus l'auteur de cet ouvrage peut affirmer que toutes les informations qu'à différentes

---

(1) L'auteur oublie-t-il qu'en parlant des ruines qui se trouvent près de Mohannan et de Metrahenni, ruines décrites par Pococke, par Bruce et par divers autres voyageurs, et qui sont les mêmes qu'indique Savary. Les arabes disent que ce sont celles de *Maïnf*, nom qu'ils donnent aussi à Menouf.
(*Note du traducteur*).

reprises il a cherché à se procurer, n'ont pas été capables de lui donner les moindres lumières sur ce prétendu village ; et que deux employés de la République française, *Olivier* et *Brugnière*, pendant plusieurs mois qu'ils ont passé en Egypte à-peu-près à la même époque que lui, se sont livrés aux mêmes recherches et avec aussi peu de succès. De tout ceci ne seroit-on pas fondé à nier l'existence du lieu dont parle Savary ? La seule ville en Egypte dont le nom présente quelque ressemblance éloignée avec celui de Memphis, est la ville de Menouf, située dans le Delta, à plusieurs lieues au nord des pyramides.

Page 275. Il seroit extraordinaire que l'anecdote sur Mourad-Bey et sa reconnoissance avec son père eût échappé à la curiosité de tous les marchands d'Egypte, dont quelques-uns habitent ce pays depuis cinquante ans, et qui généralement saisissent ces sortes d'histoires avec la plus grande avidité. Il est vrai qu'on emploie souvent l'esprit inventif des esclaves grecs pour amuser les étrangers par des récits de ce genre ; mais Savary, si versé dans les usages de l'Egypte, auroit dû distinguer ces inventions de la réalité, et ne pas défigurer surtout par des contes ridicules, un ouvrage qui devroit être purement historique. Les faits d'ailleurs se contredisent. L'homme dont parle Savary est un ouvrier des environs de Damas, et la Georgie est le pays natal de Mourad-Bey. Ce même ouvrier, pour passer au Caire, va s'embarquer à Alexandrette, à dix-sept journées au nord-ouest de Damas, tandis que Beirout, Seïde, Akka ou Yaffa, trois ports à quatre journées de Damas, lui offroient la même facilité. Ce seroit voyager, il en faut convenir, d'une manière bizarre, et le philosophe français s'est égaré dans son calcul. Au reste, Savary écrivoit sur l'Egypte, et il n'étoit pas obligé de connoître la carte de Syrie.

S. p. 288. *J'ai tué plusieurs ibis dans les marais près de Rosette; ils ont les pattes longues, le corps mince, alternativement blanc et noir, et le col allongé. Ils vivent de poissons, de grenouilles et de reptiles.*

Si Savary avoit jugé à-propos de nous faire part du nom arabe de cet oiseau si singulier pour la multiplicité de ses goûts, on auroit pu en comparant l'oiseau qu'il décrit avec le véritable ibis, apprécier au juste toute l'étendue de sa méprise. Au reste, d'autres se contentent de voir un seul ibis : mais ils sont venus par bandes au-devant de M. Savary pour recevoir les coups de fusil qu'il avoit à leur tirer. Il devroit peut-être savoir aussi qu'ordinairement les oiseaux qui se nourrissent de poissons ne mangent pas de reptiles, *et vice versâ.*

T. II. p. 59. Pocoke avant Savary avoit suffisamment décrit les ruines que l'on trouve à Achmounein. Norden n'a passé auprès, que pendant la nuit, et par conséquent ne les a pas vues : mais Bruce en fait aussi mention. Cependant je serois porté à croire que ce qu'ils ont trouvé sur ce monument et plusieurs autres, et qu'ils nous représentent comme de la dorure, n'est autre chose qu'une sorte de peinture jaune. Et ce qui fonde cette opinion, c'est que sur aucun des monumens de l'ancienne Egypte, je n'ai rien rencontré qui pût ressembler à de la dorure. Ce seroit peut-être l'objet d'une recherche curieuse, que la question de savoir quels ingrédiens pouvoient entrer dans la composition de ces couleurs qui ont ainsi résisté aux ravages du tems.

Tome III, page 33. Savary parle de la légion des assabs comme existante à l'époque où il écrivoit, quoique cette légion eût été licenciée quelques années auparavant.

Les janissaires sont toujours enrôlés au nombre d'environ quatorze mille, mais la plupart d'entr'eux sont des citoyens paisibles qui n'ont jamais manié l'épée ni le mousquet. C'est dans ce corps que l'on prend les gardes-des-portes, les soldats qui composent la petite garnison que l'on place dans le château, etc. etc.

Ali-Bey employa à la vérité un corps de janissaires, qu'il maintint ensuite sur pied ; mais je n'ai pas oui dire que depuis Mohammed-Bey-Aboudhahab ils aient été appelés à aucun service effectif. Le yenk-tcheri-aga ou commandant en chef des janissaires, a le rang de bey, ainsi que le *kiahia* et l'*ichaoûsh*. Ces trois officiers sont nommés par le conseil des beys. Les officiers inférieurs le sont par le *scheik-el-belad*, et veillent à la police intérieure de la ville.

Volney semble en général vouloir donner à entendre que les femmes sont méprisées en Egypte ; il prétend de plus qu'elles n'y peuvent hériter des fonds de terre.

Premièrement, quant au droit d'hériter, elles sont absolument dans la même position que les hommes. Elles entrent comme eux, en possession de l'héritage de leurs parens, en payant au Gouvernement un droit dont personne n'est exempt. Secondement, leur situation est, à certains égards, beaucoup meilleure que celle des hommes. Elles ont en géneral pour elles, l'opinion publique ; leur propriété est d'ordinaire plus respectée que celle des hommes, et en cas d'injustice, leurs plaintes, qu'elles poussent quelquefois jusqu'à l'excès, sont écoutées avec beaucoup plus de patience.

Une veuve, de Monfalout dans le Saïd, avoit hérité d'un fonds de terre très-considérable. Soliman Bey, senjiak de cette partie de l'Egypte, eut envie de cette terre, et offrit d'en donner ce qu'on lui demanderoit. Mais comme la veuve se refusoit à vendre son bien, le bey qui le vouloit absolument épousa cette femme quoiqu'elle fût vieille et valétudinaire.

Volney avance que, lorsqu'il ne se trouve pas de vaisseaux étrangers dans le port de

Suez, la ville ne renferme pas d'autres habitans que le mamlouk qui la gouverne, et une garnison composée de douze à quatorze personnes. Il existe à Suez douze ou treize mosquées, ce qui seroit certainement bien des mosquées pour treize ou quatorze personnes. On y trouve aussi plusieurs de ces maisons qu'on appelle cafés. Le nombre des habitans n'est pas très-considérable, mais cependant Suez est le séjour de quatre ou cinq gros négocians qui entretiennent des correspondances au Caire et dans plusieurs villes de l'Arabie, et font le commerce des Indes avec l'Egypte, ce qui entraîne nécessairement beaucoup de dépendances, et suppose plusieurs autres négocians d'un ordre inférieur. On trouve aussi à Suez des constructeurs de vaisseaux et d'autres artisans en différens genres, un grand khan ou okal, où l'on entrepose les marchandises, quelques chrétiens grecs qui s'y sont établis, quelques ministres du culte mahométan, et d'autres personnes encore, sans compter un grand nombre de pêcheurs et de gens de mer. La rareté des vivres, la difficulté de se procurer de l'eau, et d'autres inconvéniens nuisent certainement à la population de la ville de Suez, mais il ne faut pas entrer en doute qu'elle n'excède de beaucoup le calcul présenté par Volney.

Volney assure ensuite qu'il n'est aucun lieu de l'Egypte, même de la haute Egypte, où l'horizon ne soit à perte de vue, et il s'en réfère, à cet égard, aux planches des voyages de Norden, qui démontrent précisément le contraire. Le fait est vrai, au reste quant à la basse Egypte ; mais ensuite du Caire à Assouan, on ne rencontre qu'un très-petit espace où l'œil ne soit pas arrêté de tous côtés par des montagnes d'un aspect varié.

N.º V.

Observations sur quelques faits contenus dans la correspondance des officiers français qui ont accompagné Bonaparte en Egypte (1).

On dit dans cette correspondance que la distance du Caire à la cataracte est d'environ 360 milles géographiques. Le Nil ne se transforme point en torrent impétueux, et même depuis Assouan jusqu'au Caire il ne s'élève jamais au-dessus de ses bords, par la précaution qu'on emploie de l'introduire à tems dans des canaux transversaux creusés pour cet usage.

Il est clair que les arabes n'ont pu vouloir donner à l'enceinte du mur d'une ville,

---

(1) Cette correspondance, peut-être falsifiée, a été d'abord publiée en anglais, ensuite traduite en français, et imprimée en 2 vol.

J'ai cru ne pas devoir supprimer ces critiques, parce que si elles sont mal fondées, ceux qu'elles attaquent pourront y répondre, et que, par ce moyen, elles serviront à éclaircir quelques faits importans. (*Note du traducteur.*)

plus d'étendue que n'en devoient remplir les habitations qu'ils se proposoient de défendre. Ainsi le vide immense qui se trouve à présent dans cette enceinte, prouve que la ville a beaucoup plus perdu de sa splendeur sous la domination des turcs, qu'elle ne l'avoit fait depuis le tems de Sevère jusqu'à l'époque où les sarrazins conquirent l'Egypte.

Fostat n'est point la même chose que l'ancien Caire, comme on le dit dans la correspondance française : c'est Misr-el-Attiké, qui est plus vers le midi.

LETTRE DU CITOYEN BOYER.

Je doute fort qu'il y ait à Alexandrie, comme le dit le citoyen Boyer, une seule tour capable de contenir 700 personnes.

Le citoyen Boyer prétend que le corps des mamlouks n'est composé que d'individus achetés comme on achète des esclaves, et avance en même-tems qu'il s'y trouve des français. Dans quel pays vend-on des français ? Ce qu'il y a de probable, c'est que s'il s'en trouve parmi les mamlouks, ce ne peut être que deux ou trois d'entr'eux qui ont embrassé le mahométisme, mais qui certainement n'ont point été achetés. Je ne crois pas que dans un combat aucun mamlouk soit accompagné de plus d'un homme de pied ; car parmi les officiers même de ce corps, dont les moindres se font ordinairement entourer d'une grande suite, il n'en est pas un seul qui, sur le champ de bataille, ne cherche au contraire à écarter des apparences de distinction qui n'auroient d'autre avantage que de l'exposer beaucoup plus.

Un mamlouk a rarement plus d'un fusil. Il le rend, sitôt qu'il a tiré son coup, au fantassin qui l'accompagne, afin que celui-ci puisse le recharger en cas de besoin. Chaque mamlouk a de plus une paire de pistolets à sa ceinture, et une autre paire dans des fourreaux, qu'il ne porte pas sur lui. Quant au carquois rempli de flèches, je n'en ai point entendu parler. Quelquefois en combattant contre les bédouins, les mamlouks se servent d'un épieu léger, et long d'environ six pieds, ou bien du *misdrak* qui en a souvent jusqu'à dix ou douze. L'épieu se lance. Le *misdrak* sert sans que celui qui le tient l'abandonne un instant : mais ni l'un ni l'autre ne font partie de l'équipage ordinaire des mamlouks. La plupart d'entr'eux sont bons cavaliers, et se servent du sabre avec une adresse extraordinaire, mais ils n'en ont jamais employé deux à-la-fois.

Cette partie du récit de l'officier français sembleroit lui avoir été fournie par quelque égyptien qui, suivant la coutume, en aura exagéré la plupart des circonstances.

Alexandrie n'est point à vingt lieues, mais seulement à douze ou quinze de l'embouchure du Nil. L'anecdote du scheik, racontée par le citoyen Boyer, me semble porter tous les caractères de l'authenticité. Mais je crois qu'il se trompe sur le fait qui suit.

Il s'en faut de beaucoup que les mahométans, et sur-tout les égyptiens, montrent la moindre indifférence à l'égard de leurs enfans, ils en sont, au contraire, extrêmement occupés, et soignent leur bien-être avec une attention qui pourroit offrir, du moins à certains égards, ce milieu si difficile à trouver entre une indulgence excessive et une inutile sévérité, et qui tous les jours fait jouir les parens des fruits d'un système si raisonnable. On ne voit en Egypte que très-peu d'exemple de fils dénaturés. Quant à ces femmes qui offrent de vendre leurs enfans, le citoyen Boyer est peut-être le premier qui en ait rencontré ; et il me semble que quand j'étois au Caire, quelque prix qu'on eût pû lui offrir de son enfant, la plus indigente des mères égyptiennes n'eut pas consenti à le vendre, fût-ce à Mourad-Bey lui-même. Tout ce qu'on peut croire, c'est que l'auteur de la lettre aura été induit en erreur à cet égard.

Les égyptiens sont, dit-il, *à moitié nus*. Eh! si le climat le leur permettoit, les habitans de la Grande-Bretagne n'iroient-ils pas aussi à moitié nus? — Ils ont *la peau dégoûtante*. Il n'est peut-être pas de pays où les gens du peuple soient moins sujets aux maladies de peau, où ils aient même la peau plus unie. — Ils vont *fouillant dans les ruisseaux*. Dans quel pays a-t-on vu que les gens travaillant à la terre, aux fossés, etc. fussent bien difficiles sur la propreté ? Mais d'ailleurs si l'on excepte ceux qui sont chargés de nettoyer les canaux du Nil, je ne sache pas qu'aucun égyptien s'avise d'aller remuer la vase dont ils sont remplis. Les maisons d'Alexandrie sont bien tenues ; et dans les idées de ceux qui les possèdent, le séjour peut en paroître agréable ; mais un français ou un anglais peuvent le trouver bien triste.

Le citoyen Boyer manque d'exactitude sur d'autres points. Les arabes n'ont que très-peu de possessions à l'ouest du bras occidental du Nil ; mais à l'est de ce même bras, elles s'étendent le long du chemin jusqu'à Bilbeis et Salehich. Les villages y sont à la vérité mal bâtis, mais il faut songer qu'une maison n'y a guère d'autre usage que celui de mettre à l'abri du soleil ; que nos édifices de brique si solides, si bien fermés, si bien couverts de tuiles rouges seroient, en Egypte, des habitations insupportables. Les gens de ce pays sont pauvres, mais c'est parce que le Gouvernement est tyrannique : leur misère ne vient d'aucun éloignement pour le travail.

La couleur trouble que donne aux eaux du Nil le limon qu'il charrie, n'est point pour les égyptiens une raison qui puisse empêcher de la boire. Ils ne rejettent l'eau que lorsqu'elle est immonde. Leur loi ne regarde point comme immonde celle où auront bu un cheval, un bœuf ou un chameau : mais elle le devient dès qu'un chien en a bu ou qu'un homme y a lavé ses mains.

Le citoyen Boyer semble n'avoir pas mis assez de soin dans ses calculs sur le nombre des habitans du Caire. Il le porte à 400,000 ; ce que je crois trop fort d'un quart environ.

Les rues du Caire sont étroites, mais il y auroit de l'inconvénient à ce qu'elles fussent plus larges. Les maisons en sont assez soigneusement alignées. La ville, ainsi qu'on le peut voir dans le plan qu'en a donné Niébuhr, est partagée dans sa longueur, par deux longues rues parallèles à la rivière. Les autres ne forment point entr'elles des angles réguliers, mais il y en a beaucoup de droites.

En Egypte tous les ministres du culte, tous les marchands un peu aisés savent lire, et plusieurs d'entr'eux savent écrire. Souvent même ces derniers apprennent à lire à leur filles. La plupart des cophtes savent lire et écrire. A qui donc alors la science de la lecture, et l'art de l'écriture pourroient-ils inspirer une si vive admiration ? Seroit-ce aux soldats, aux paysans, à la classe ignorante et laborieuse ? Peu d'entr'eux à la vérité savent lire et écrire ; mais comment seroit-il possible qu'ils regardassent avec admiration ce qu'ils voient pratiquer tous les jours ?

LETTRE DU GÉNÉRAL BERTHIER,

du 2 fructidor an 7.

Selon le général Berthier, les troupes rançaises seroient en possession de toute l'Egypte. Cependant il paroît que le poste le plus avancé qu'elles aient occupé est un camp retranché à quatre lieues du Caire ; il reste donc 130 lieues de pays à conquérir (1).

Il me semble impossible que le vieux port contienne cent cinquante navires, au lieu de trois cents dont parle le général Berthier.

LETTRE DU CITOYEN JULIEN.

L'auteur de cette lettre dit que les troupes du Caire *se réunissent souvent*, etc. On célèbre en effet, tous les ans, en l'honneur de Mahomet une fête nommée *mewlet-el-nebbi*, qui dure l'espace d'une journée. Ils en solemnisent une autre également annuelle au moment de l'ouverture du *Khalige*: celle-ci dure de même un jour. Comment se

(1) Le général Berthier ne vouloit sans doute parler que de la basse Egypte. Quant à la haute Egypte, on sait que, depuis, le général Desaix l'a soumise.

(*Note du traducteur.*)

fait-il que les soldats se rassemblent si souvent pour célébrer deux fêtes ?

Ce qui étoit le plus nécessaire pour l'entretien du canal d'Alexandrie, c'étoit qu'on le débarrassât du sable qui s'y étoit amoncelé, et qu'on élevât une digue propre à le garantir des dégradations que lui a faites la mer. Mais les habitans d'Alexandrie refusoient d'entreprendre ces travaux à leurs frais, dans la crainte qu'on en voulût inférer pour l'avenir que tous les travaux publics les concernoient, et que les beys ne se chargeroient plus d'aucun.

LETTRE DU CITOYEN DOLOMIEU.

Le citoyen Dolomieu dit que l'ancienne Alexandrie étoit située sur une langue de terre nouvellement formée au tems où la ville avoit été bâtie. S'il veut dire que la mer l'avoit quittée depuis peu de tems, cela est possible. Le fond du sol qui environne la ville, est un rocher mêlé de sable, et qui paroît n'avoir été rendu fertile qu'au moyen des terres rapportées. Mais s'il suppose que ce canton, comme le Delta, a été formé du limon déposé par la rivière, je crois qu'il se trompe; car les faits qui, par leur ressemblance, devoient servir à nous prouver cette conformité d'origine, diffèrent ici absolument entr'eux. Ce qui sépare le lac de la mer est un prolongement de rocher qui semble exister de tout tems.

La remarque que fait le citoyen Dolomieu sur la colonne de Pompée, n'est pas nouvelle. Toute fois je ne puis admettre que la base et le chapiteau de cette colonne soient de mauvais goût. Le tems a émoussé le relief des feuillages et celui des moulures, et peut-être même étoit-il impossible de parvenir, sur le granit, à une grande délicatesse de travail; mais quoique les proportions ne soient pas absolument conformes au nouvel ordre corinthien, elles m'ont paru dignes des plus beaux siècles de l'architecture.

Quant à la hauteur de l'obélisque, je ne sais pas ce que des fouilles auront pu faire découvrir à cet égard; mais si on le compare avec les obélisques de Thébes, on ne doit pas croire que celui-ci se soit de beaucoup enfoncé dans la terre. Il aura été probablement érigé dans le tems le plus florissant d'Alexandrie, et vraisemblablement il y existoit alors assez de ruines pour qu'on les pût faire servir de base à d'autres édifices.

Je crois pouvoir juger, d'après les différentes positions de l'obélisque qui est demeuré entier, et de celui dont il ne reste qu'une partie, que jamais ni l'un ni l'autre n'ont été dérangés de leur place et qu'ils décoroient la porte de quelque édifice public. L'obélisque est situé dans la partie la plus basse de la ville, dont le terrain est par-tout extrêmement enfoncé, et ne s'élève que de très-peu au-dessus du niveau de la mer. Comment expliquer alors ces ruines de bâtimens, placées encore au-dessous de l'endroit où se trouve l'obélisque ? Peut-être n'avoit-on pas trouvé le terrain assez solide, et a-t-on placé l'obélisque sur des fondemens très-profonds ; et voilà ce que le savant français a pris pour des ruines.

Mes calculs sur la hauteur de la pyramide lui donnent quelques pieds de moins que ceux du citoyen Dolomieu ; mais cette différence est peu de chose.

El Marabout est une espèce de fort. C'est aussi le tombeau d'un saint. Il est situé sur une hauteur, proche du golfe d'Arabie qu'il commande en partie.

N°. VI.

Explication de la planche qui se trouve à la page 60.

1. Enceinte principale, renfermant cette partie des bâtimens destinés à l'usage particulier du sultan.

2. Principal roukkoûba, où lieu d'audience publique.

3. Grande cour ou se donnent les audiences publiques.

4. Deux portes dont l'une conduit dans l'intérieur du palais, et l'autre donne entrée dans la grande cour. A chacune des deux se tiennent des esclaves, qui, lorsque le monarque ne se trouve pas disposé à donner audience, refusent l'entrée à ceux qui viennent s'y présenter; et pour inspirer plus de terreur, c'est le bourreau qui est à la tête de ces esclaves.

5. Cour extérieure dans laquelle les officiers laissent leurs chevaux, et d'où ils vont ensuite à pied jusqu'auprès de leur maître.

6. Première entrée en face de la place du marché.

7. Cour contenant plusieurs logemens pour des faquirs, des gardes et des esclaves.

8. Grande cour où l'on tient quelques chevaux à l'attache.

9. Roukkoûba du côté de l'autre entrée. C'est là que, sur-tout en hiver, le sultan donne les audiences qu'il veut rendre moins publiques.

10. Petite cour qui environne ce roukkouba, ou hangar.

11. Cour extérieure où s'assemble la populace, où l'on fait tenir les chevaux qu'on va monter, et dans laquelle attendent les esclaves.

12. Porte extérieure, nommée *Bab-el-Bourrani*, comme la grande porte est nommée *Bab-el-Gebeia*.

13. Plusieurs petits logemens qui occupent presque toute la longueur du palais. C'est là qu'on renferme les esclaves qu'on veut punir. On les y tient aux fers, et on les occupe à des ouvrages pénibles, tels que de tanner et préparer des cuirs, de forger des pointes de lances, etc.

14. Grande cour d'une forme irrégulière, et environnée d'une multitude de petits logemens destinés aux femmes. Cette cour n'a

point d'autre issue que les deux portes, marquées *W*, par lesquelles passent les femmes lorsqu'elles vont chercher de l'eau. Chacune des principales femmes a un grand appartement entouré de beaucoup de petits logemens pour ses esclaves. La même cour renferme aussi des cuisines.

15. Grenier bâti sur une charpente élevée, afin de le mettre à l'abri des *termites*, ou fourmis blanches.

16. Porte par laquelle entrent les femmes dans l'appartement du sultan, dont le service est réservé à elles seules.

17. Ecurie, ou espèce de cour dans laquelle on tient à l'attache les meilleurs chevaux, afin de les garantir du soleil.

Les eunuques habitent l'intérieur du palais, afin d'être toujours à la portée du sultan. Les esclaves mâles habitent où ils peuvent.

18. Logement des esclaves chargés de la garde des portes.

19. Endroit où se tiennent les faquirs pour faire la lecture.

Les officiers immédiatement attachés au service de la cour, ont leurs logemens dans de petites enceintes formées sur les côtés extérieurs de l'enceinte principale, et semblables à celle qu'on voit représentée dans la planche numérotée 20.

Les maisons des meleks ressemblent en petit à celles que nous venons de décrire. Celles des personnes d'un ordre inférieur, moins considérables encore, ne sont point aussi divisées, et ne contiennent que très-peu de différentes pièces.

L'enceinte extérieure est formée par une haie d'épines sèches, épaisse de dix pieds sur autant de hauteur.

Fin du second et dernier Volume.

TABLE
DES CHAPITRES
contenus dans ce Volume.

Chapitre XVIII. Manière de voyager en Afrique. — État des saisons dans le Dar-four. — Animaux. — Quadrupèdes. — Oiseaux. — Reptiles et insectes. — Métaux et minéraux. — Plantes, page 1

Chap. XIX. Gouvernement. — Histoire. — Agriculture. — Population. — Architecture. — Mœurs et coutumes. — Revenus. — Commerce, 46

Chap. XX. Différentes particularités concernant le Dar-four et quelques-unes des contrées adjacentes, 87

Chap. XXI. Psorophtalmie. — Peste. — Petite-vérole. — Ver de Guinée. — Scorbut. — Maladies vénériennes. — Ulcères. — Tenia. — Hernies. — Hydrocèle. — Hémorrhoïdes et fistule. — Apoplexie. — Hernies ombilicales. — Accouchemens. — Hydrophobie. — Phlébotomie. — Remèdes. — Observations. — Circoncision. — Excision, 100

Chap. XXII. Voyage sur le Nil jusqu'à Damiette. — Végétation. — Papyrus. — Commerce. — Cruauté de la domination des mamlouks. — Voyage à Yaffé. — Description de Yaffé. — Rama. — Jérusalem. — Mendians. — Tombeaux des rois. — Bethléem. — Agriculture. — Naplouse. — Samarie. — Mont Tabor, 157

Chap. XXIII. Etablissemens avantageux entrepris.

par Jezzar.—Commerce.—Impôts.— Cap Blanc et rivière de Léonte.—Tyr.— Seïde.— Tremblement de terre.— Kesrawan.— Vins de Syrie.—Beirout. — Mouillage des vaisseaux.— Denrées.— Rivière Adonis.— Antoura.— Harrîsé.—Tripoli.— Latakie.— Voyage à Alep, 180

Chap. XXIV. Schérifs et janissaires.— Fabriques et commerce.—Carrières.— Prix des denrées.—Nouvelle secte. — Voyage à Antioche. — Description de l'ancienne Séleucie.— Retour à Alep, 208

Chap. XXV. Entrée des hadjîs.— Description topographique de Damas.—Commerce et objets d'industrie.—Population. — Remarques sur le décroissement de la population en Orient. — Gouvernement et mœurs de Damas. — Établissemens de charité.— Anecdotes sur des faits récens. — Impôts. — Prix des vivres.—Caravane sacrée, 223

Chap. XXVI. Route de Damas à Balbec. — Langue syriaque.—Balbec. — Nouvelles découvertes.— Zahhlé.— Imprimerie. — Maisons de Damas. — Retour à Alep, 241

Chap. XXVII. Voyage d'Alep à Constantinople.— La route.—Aintab.— Mont Taurus. — Boston.— Manières et habillemens de ses habitans. — Kaisaria. — Angora.— Ses murailles et ses antiquités. — Chèvres d'Angora. — Objets d'industrie. — Topographie. — Voyage à Ismit.— Topographie.—Observations générales concernant la Natolie ou Asie mineure. 248

Chap. XXVIII. Séjour à Constantinople.—Paswan-Oglow.— Caractère du sultan actuel.—Sciences.—

Bibliothèques publiques. — Exemple du goût des turcs. — Prisons. — Imprimerie grecque. — Marine. — Retour en Angleterre, 262

Chap. XXIX. Mœurs des orientaux et des européens comparées entre elles, rolativement à l'influence qu'elles peuvent exercer sur le bonheur, 272

Appendice. Explication des Cartes géographiques, 300

Itinéraires, 310

Observations sur quelques passages des ouvrages de Savary et de Volney, concernant l'Egypte, 365

Observations sur quelques faits contenus dans la correspondance des officiers français qui ont accompagné Bonaparte en Egypte. 374

Explication de la planche qui se trouve à la page 60, 385

Fin de la Table du second et dernier Vol.

Faute essentielle à corriger.

Page 385, explication de la gravure qui se trouve à la page 256, *lisez* page 60.

www.ingramcontent.com/pod-product-compliance
Lightning Source LLC
Chambersburg PA
CBHW050429170426
43201CB00008B/600